Salvados por Francisco

Salvados por Francisco

Cómo el joven sacerdote Bergoglio
ayudó a decenas de personas a escapar
de la dictadura argentina

Aldo Duzdevich

Papel certificado por el Forest Stewardship Council®

Primera edición: septiembre de 2019

© 2019, Aldo Duzdevich
© 2019, Penguin Random House Grupo Editorial, S. A.
Humberto I, 555, C1103 ACK, Buenos Aires
© 2019, Penguin Random House Grupo Editorial, S. A. U.
Travessera de Gràcia, 47-49. 08021 Barcelona

Penguin Random House Grupo Editorial apoya la protección del *copyright*.
El *copyright* estimula la creatividad, defiende la diversidad en el ámbito de las ideas y el conocimiento,
promueve la libre expresión y favorece una cultura viva. Gracias por comprar una edición autorizada
de este libro y por respetar las leyes del *copyright* al no reproducir, escanear ni distribuir ninguna
parte de esta obra por ningún medio sin permiso. Al hacerlo está respaldando a los autores
y permitiendo que PRHGE continúe publicando libros para todos los lectores.
Diríjase a CEDRO (Centro Español de Derechos Reprográficos, http://www.cedro.org)
si necesita fotocopiar o escanear algún fragmento de esta obra.

Printed in Spain – Impreso en España

ISBN: 978-84-666-6628-2
Depósito legal: B-13.044-2019

Compuesto en Lozano Faisano, S. L.

Impreso en Black Print CPI Ibérica
Sant Andreu de la Barca
(Barcelona)

BS 6 6 2 8 2

Penguin
Random House
Grupo Editorial

*A todos los miembros de la Iglesia que supieron
mantener una actitud digna y misericordiosa.
A los supervivientes.
A los hermanos y hermanas que se tragó
la noche más oscura de la patria*

Índice

El cielo y la tierra. Prefacio   13
   Amarás a tu prójimo   18
   Habemus Papam   19

1. Jorge. Tiempo de oficios humildes   25
   Aprender a rezar   28
   Concentrarse en lo pequeño   30
   Una manta para el frío   33
   De Hölderlin a Marechal   35
   Un muro de silencio   38

2. Dios no quiere que haya pobres. El Concilio
   Vaticano II en Argentina   41
   La Iglesia no se casa con ningún sistema   44
   Del compromiso espiritual a la lucha armada   47

    Un cura en Moreno 50
    Ayudó a muchos 52

3. En busca de las raíces. El pensamiento político de Bergoglio 53
    Un vínculo muy complejo 57
    La piedad de los pobres y sencillos 58
    El poliedro 60
    Un predicador de la doctrina 62
    Sacerdotes con compromiso político 65
    El cura de moda 67

4. Un provincial entre el pueblo. Francisco en 1973   69
    «Jamás he sido de derechas» 74
    Sangre de mártires 76
    Un intento de redireccionar la utopía 79
    Hermano mayor. 82
    Como un pastor 87

5. El cuidado de la casa común. Una doctrina social   89
    Pensar el mundo y sus problemas 94
    «No soy peronista» 96
    Creer en el infierno 98

6. Fortaleza en San Miguel. Los meses previos al golpe de Estado 101
    La violencia fuera de control 104
    Los jesuitas en la mira 105
    Lo prioritario: sobrevivir 108

«La cosa no era broma».................... 109
Domingo de Pascua........................ 111
Hablar con ellos.......................... 114
Inteligencia policial sobre Bergoglio.......... 118

7. «Yo me ocuparé de buscarlos».
   Tiempos difíciles 121
   Pocos sospechaban lo que vendría........... 124
   Ideas irrenunciables....................... 127
   «Deben cuidarse»......................... 129
   Pasaportes............................... 131
   Un ramo de flores........................ 134
   Pecado mortal............................ 137
   Un tal Jorge 139

8. **Luces en la noche. Iglesia y dictadura** 141
   Gestiones antes que declaraciones........... 145
   El provincial de los jesuitas................. 150
   Dieciséis patrulleros 152

9. **Obras que se hacen en silencio. La lista
   de Bergoglio**............................. 155
   La presión de un dictador 161
   «Bergoglio me advirtió que no volviera»....... 163
   Los que pueden contarlo.................... 166
   Golpes en la puerta........................ 170

10. **Poder y desaparición. Cara a cara con Videla** 171
    Contacto con el mundo exterior.............. 174

    Cristianos en la noche 178
    Tiempo de desierto. 183
    Las gestiones de Bergoglio 187
    La causa. 190
    Atento a los detalles. 192
    Daños morales 195

11. Infinito amor. Una faceta desconocida 197
    Diciembre. 199
    Ana y Sergio, «los terroristas del agua potable» . . 204
    Prohibido equivocarse. 206
    Pan, paz y trabajo 208
    Consejos prudentes. 212

La medalla de los justos. Epílogo. 215

Agradecimientos 221
Notas 223

El cielo y la tierra

Prefacio

15 de abril de 2013

[...] Nos llevaste en tu auto a San Miguel. Me pediste que tratara de ocultarme y que no mirara el camino que íbamos a hacer. Pensé: «¿Se habrá dado cuenta este curita del riesgo al que se está exponiendo?». Entonces no sabía que eras el provincial de los jesuitas.

En San Miguel me dijiste que me sacara el anillo de casado y simulara que estaba haciendo un retiro espiritual como si fuera a entrar en la Compañía [...].

Una mañana me llamaste a tu escritorio. Estabas con mi hermano y nos redactaste el plan que íbamos a seguir. Nos llevaste al aeropuerto en tu auto y nos acompañaste hasta el último momento. El aeropuerto era de esos puntos clave controlados por militares y policías de civil. Pasamos los controles y nada ocurrió. [...]

Volamos a Iguazú y nos fuimos caminando hasta la frontera sin tomar taxi ni ómnibus, como nos habías sugerido.

Ahí esperamos el último barco, que era el de los contrabandistas, donde los controles militares aflojaban un poco. Pasamos a Brasil y nos tomamos un ómnibus a Río de Janeiro.

Allí me despedí de mi hermano, Juan, que me había acompañado en todos esos difíciles momentos. Al tiempo, me refugié en las Naciones Unidas y volé a Alemania, donde me dieron asilo político…

Hace unos días, yo estaba con unos amigos y sonó el celular. Era mi hermano, que me gritaba del otro lado: «Gonzalo, ¿te enteraste? ¡Han nombrado Papa a Bergoglio!». Pero casi al mismo tiempo empezaron a salir noticias en los diarios, en programas de radio, donde se te acusaba de haber colaborado con la dictadura, de haber traicionado a dos jesuitas, etc.

Llamé entonces a mis hermanos para que vinieran a cenar a casa y les conté que pensaba salir a la prensa y contar todo lo que habías hecho por mí. En las entrevistas, puse siempre el énfasis en la lucidez y el valor que tuviste no solo en lo personal, sino también en lo institucional, al correr esos riesgos por mí, que era un desconocido. […]

El día de tu asunción pediste que rezáramos por ti. Yo le pido a Dios que en esta vida que comienzas ahora tengas la misma lucidez, valentía y compromiso que tuviste hace treinta y seis años en circunstancias tan difíciles.

Me quedé con ganas de darte un abrazo y las gracias.

Gonzalo Mosca

P. D. Nunca pensé que le iba a escribir una carta al Papa.

El relato de Gonzalo sorprende e invita a pensar.[1] Si no supiéramos que se trata de Jorge Bergoglio, podríamos imaginar que quien lo ayudó fue un experimentado militante revolucionario. Las medidas de seguridad y el plan de fuga no se corresponden con los de una persona que brinda su apoyo a alguien por primera vez. Comienza llevándolo «tabicado» (mirando hacia abajo para que no reconozca adónde lo conducen), realiza maniobras de «contraseguimiento», lo esconde en el tercer piso del Colegio Máximo de San Miguel, le detalla el plan de fuga hasta el extremo de sugerirle el último barco de los contrabandistas o «bagayeros» y, finalmente, se expone por entero acompañándolo a tomar el avión cuando los aeropuertos eran un hervidero de policías y «marcadores». Eso significa que el joven Jorge Bergoglio no era nuevo, sino que poseía cierta experiencia y pericia en protección y fugas. Y utilizó los instrumentos a su alcance para salvar muchas vidas. Seminaristas, sacerdotes y estudiantes cercanos al mundo jesuítico argentino lograron sobrevivir en virtud del coraje de ese sacerdote.

En cada momento de la historia, las personas ocupan un lugar desde el cual tienen mayores o menores posibilidades de lidiar con su contexto. Por eso es equívoco trasladar al actual papa Francisco, antes cardenal Jorge Bergoglio, a los años de la dictadura sin antes describir ese contexto. Hacerlo llevaría al gravísimo error de confundir el papel de un superior de la orden jesuita con los niveles más jerárquicos de la Iglesia católica argentina. Este libro intenta describir la etapa de la historia de nuestra región en cuyas turbulentas aguas debió navegar el joven sacerdote jesuita Jorge Mario Bergoglio.

Amarás a tu prójimo

En los años setenta, temprana e impetuosamente, una generación se volcó en la confrontación y la lucha en pos de un mundo más justo. Algunos abrazaron el camino de la violencia revolucionaria. Otros, ni mejores ni peores, entendieron que existían diferentes modos de alcanzar el mismo sueño. Pero en 1976 el terrorismo de Estado, con su impronta de persecución y muerte, llegó para imponer un modelo de privilegios e injusticia.

Si bien la ruptura constitucional de 1955 había marcado un hito insoslayable en la sociedad argentina, la etapa de 1970 a 1983 fue la más compleja de nuestra historia reciente. Y justamente por su papel en esos años, Jorge Bergoglio fue cuestionado. No soy un observador neutral de aquella década porque fui parte de esa generación. Me crie en un hogar católico y me formé en el precepto «Amarás a tu prójimo como a ti mismo»; e integré la enorme masa de jóvenes cristianos que abrazaron la militancia política impulsados por esos valores. Ingresé en el peronismo y la organización Montoneros de la mano de curas católicos, y el azar y las circunstancias hicieron que esos mismos curas me empujaran fuera del camino de la violencia justo a tiempo.

No conocí a Jorge Bergoglio en aquel entonces ni tuve muchas referencias de él, hasta que se convirtió en el papa Francisco y sorprendió al mundo proponiendo un nuevo modelo de Iglesia «pobre y para los pobres».

Parto de mirar a la Iglesia católica en su concepto amplio de comunidad, integrada por laicos, religiosos, sacerdotes, obispos y demás jerarquías. Por lo tanto, creo que un juicio ecuánime sobre su actuación en distintos momentos históricos debería considerar el comportamiento de esos diversos sectores así como el nivel de responsabilidad particular de cada uno de ellos. Y si bien es cierto que hubo miembros de la Iglesia que colaboraron con la dictadura iniciada en 1976, también lo es que miles de laicos, centenares de religiosos y sacerdotes y una decena de obispos la rechazaron con palabras y con hechos. Y por ello sufrieron persecución, prisión, tortura, exilio, desaparición y muerte. Según la lista verificada por el teólogo José Pablo Martín y el padre Domingo Bresci, hubo veintiún sacerdotes desaparecidos, un centenar de presos, otros tantos exiliados y dos obispos asesinados.

Bergoglio no tuvo militancia política en los años setenta. Pero, por el papel de responsabilidad que le tocó desempeñar desde 1973 en su cargo como superior de la Compañía de Jesús, la tragedia lo rozó muy de cerca y lo convirtió en un superviviente más. Sin embargo, a partir del miércoles 13 de marzo de 2013, fue sentado sin más en el banquillo de los acusados.

Habemus Papam

Eran las 15.07 cuando de la Capilla Sixtina, en el Vaticano, comenzó a salir el humo blanco que indicaba que los cardenales habían elegido un nuevo Papa. Entonces el protodiácono Jean-Louis Tauran anunció: «*Habemus Papam*».

Se trataba del cardenal argentino Jorge Mario Bergoglio, que adoptaría el nombre de Francisco. Era el primer Papa latinoamericano y jesuita de la historia.

En Argentina, la palabra para describir el momento fue «sorpresa». Es que ni los más avezados analistas habían otorgado ninguna posibilidad a Bergoglio. En un país futbolero, un conocido periodista de televisión incluso llegó a decir: «Bergoglio tiene menos chances de ser Papa que yo de ser el diez de Boca».[2]

De inmediato la conmoción se trasladó al ámbito político. La entonces presidenta Cristina Fernández de Kirchner emitió un breve comunicado que decía: «En mi nombre, en el del gobierno argentino y en representación del pueblo de nuestro país, quiero saludarlo y expresarle mis felicitaciones con ocasión de haber resultado elegido como nuevo Romano Pontífice de la Iglesia Universal. Le hago llegar a Su Santidad mi consideración y respeto». El presidente de Ecuador, Rafael Correa, tuiteó: «¡Tenemos Papa latinoamericano! ¡Vivimos momentos históricos sin precedentes! ¡Que viva Francisco!». Por su parte, Dilma Rousseff, presidenta de Brasil, expresó: «En nombre del pueblo brasileño, felicito al nuevo papa Francisco I y saludo a la Iglesia católica y al pueblo argentino». Incluso la entonces diputada opositora Elisa Carrió celebraba la noticia: «Es el mayor signo de tiempos distintos. Para mí es una fiesta». Sin embargo, el diario más cercano al kirchnerismo, *Página/12*, tituló en la portada «¡Dios mío!», a la vez que sostenía: «El alto prelado ha sido denunciado por complicidad con la dictadura militar, mantuvo una relación conflictiva con los gobiernos kirchneristas y fue un tenaz opositor del matrimonio igualitario y las políticas de educación sexual y salud reproductiva».

La prensa mundial recorrió ávida los enlaces de información argentina buscando datos sobre el perfil del desconocido cardenal elegido Papa. Y a partir de las dudas sembradas por algunos medios locales, poco tardarían en dirigir la mirada hacia el papel de Jorge Bergoglio durante la dictadura militar.[3]

Menos conocidas son las críticas que recibió de los sectores ultraconservadores de la propia Iglesia. Antonio Caponnetto, director de la revista de la derecha católica *Cabildo*, desde hacía muchos años se ocupaba de calificar a Bergoglio de «colaborador del marxismo internacional». Ya en mayo de 2010 comentó el libro *El Jesuita*, de Sergio Rubin y Francesca Ambrogetti, aparecido para esa fecha:

> Son páginas sin desperdicio para medir el fondo del pecado y del temor servil al que ha llegado este desventurado. Su afán de mostrarse colaboracionista del marxismo alcanza aquí su punto culminante. [...] Durante aquellos años, la patria argentina fue blanco de una guerra declarada, conducida y financiada por el Internacionalismo Marxista como parte del programa total de la Guerra Revolucionaria. En esa contienda, Bergoglio estuvo del lado de los enemigos de Dios y de la Patria. [...] Emocionada con los altos y muchos servicios que su amigo, el padre Jorge, prestaba a la causa [la abogada Alicia] Oliveira recuerda que no solo puso el Colegio Máximo al servicio del ocultamiento de los zurdos, sino la misma Universidad del Salvador, pues «mu-

chos nos fuimos a resguardar allí». Ella, en efecto, dictaba Derecho Penal con Eugenio Zaffaroni.[4]

Como se puede apreciar, si desde la izquierda se lo acusaba de colaborar con la dictadura, desde la derecha (con mucha menos prensa) se lo acusaba exactamente de lo contrario.

Si Bergoglio fuese hoy un cura jubilado y viviera en la vieja casona del barrio porteño de Flores como tenía planeado, el hecho sería una anécdota más entre las miles que existen sobre aquellos años tan difíciles. Pero pasó a ser Francisco, el gran reformador de la Iglesia, el obispo de Roma que enfrenta a las mafias que manejaban el Banco del Vaticano, el que llegó para plantarse contra la pedofilia dentro de la Iglesia, el que denuncia el neoliberalismo como un sistema que condena a muerte a millones de seres humanos en el planeta, el que predica contra los negocios que dañan el medio ambiente, el que promueve el diálogo interreligioso y la búsqueda de la paz, señalado por la prensa del *establishment* de comunista, populista o peronista, el que propone la unidad de los credos contra el «dios mercado». Para decirlo todo: como señalan el teólogo y exsacerdote franciscano brasileño Leonardo Boff y algunos de sus biógrafos, «el que corre riesgo de ser asesinado en la selva vaticana».

Hasta 2013, cuando Bergoglio fue elegido Papa, las críticas públicas de la derecha clerical estaban reducidas a algunas expresiones minoritarias. Pero los cambios que inició en la Iglesia, sus fuertes definiciones en materia de política social, sus acciones y gestos contra sectores del poder económico concentrado le fueron sumando rápidamente un coro de críticos y cuestionadores, dentro y fuera del país.

Ni aquel Jorge ni este Francisco merecen que reiterada y persistentemente se sigan agitando sombras oscuras de su pasado, sombras que lograron confundir incluso a los sectores que hoy coinciden casi totalmente con su pensamiento y acción. Como el propio Bergoglio escribió en 2010 en *Sobre el cielo y la tierra*, en coautoría con el rabino Abraham Skorka: «Un análisis histórico siempre hay que realizarlo con las pautas de la época, con su hermenéutica. No para justificar los hechos, sino para entenderlos».[5]

Si bien varios de sus biógrafos argentinos y extranjeros tocaron el tema de sus años como provincial de los jesuitas y su papel en la convulsionada década de 1970, no existe una investigación exhaustiva sobre esa etapa que pueda mostrar otra visión y equilibrar los ríos de tinta vertidos para descalificar a Jorge Bergoglio. Es hora de intentar subsanar el error.

1
Jorge

Tiempo de oficios humildes

> De la Compañía de Jesús me impresionaron tres cosas: su carácter misionero, la comunidad y la disciplina. Y esto es curioso, porque yo soy un indisciplinado nato, nato, nato.
>
> Papa FRANCISCO,
> entrevista de Antonio Spadaro, 2013

Jorge Bergoglio proviene de una familia profundamente cristiana. Y si bien su vocación ya se había manifestado antes, no fue hasta 1957, después de obtener el título de técnico químico a los veinte años, cuando decidió ingresar en el Seminario de Villa Devoto, en el barrio porteño del mismo nombre. Fue una decisión recibida con dudas por su madre, que esperaba un hijo médico, aunque muy consentida por su abuela Rosa, devota creyente.

Hasta el año 1959 el Seminario de Villa Devoto estuvo dirigido por la Compañía de Jesús. A partir de esa fecha lo tomó el clero diocesano y su primer rector fue el padre Eduardo Pironio, que se había formado con los sacerdotes Jerónimo Podestá y Antonio Quarracino en la ciudad de La Plata. Pironio propició una gran apertura teológica y pastoral, de modo que los futuros sacerdotes tuvieron la posibilidad de vincularse con la realidad social, política, cultural y eclesial de su época.

El padre Domingo Bresci, que ingresó en 1954 y fue ordenado sacerdote en 1962, recuerda: «Se incorporaron como profesores personalidades como Lucio Gera, Rafael Tello, Miguel Mascialino, Pedro Geltman y Jorge Mejía, quienes introdujeron temáticas que luego se desarrollaron en el Concilio Vaticano II. Eran verdaderos maestros, en el sentido profundo de la palabra».[6]

De sus días en el Seminario de Villa Devoto Jorge Bergoglio recuerda a Bresci, y también a Eliseo Morales —quien tuvo un breve paso por el noviciado jesuita— y a su «amigo del alma» Juan de Laurenti. Estos tres sacerdotes, años más tarde, tendrían una activa participación en el Movimiento de Sacerdotes para el Tercer Mundo (MSTM).

A los pocos meses de estar en el seminario Jorge contrajo una grave pulmonía. Sometido a la ablación de la parte superior del pulmón derecho, pasó días de terribles dolores y sufrimiento.

En marzo de 1958, ya recuperado, decidió dejar Villa Devoto e ingresar en el noviciado de la Compañía de Jesús en la provincia de Córdoba. Allí lo recibió el maestro de novicios, el padre Cándido Gaviña.

Aprender a rezar

La vida en el noviciado era de aislamiento y pautas diarias muy estrictas. Los novicios solo podían «hablar de paso y pocas palabras» y únicamente en latín. Después del desayuno, y siempre en absoluto silencio, se repartían los «oficios humildes»: limpiar los baños, barrer las escaleras, lavar los platos. En el almuerzo tampoco podían conversar entre ellos y solo se escuchaba la lectura de algún texto religioso. Únicamente en los recreos, de quince minutos, se les permitía hablar en castellano. Francisco recordó aquellos años como «una etapa de encierro y de un trabajo interior fuerte, con horario riguroso y en silencio; una vida muy ordenada, muy austera, en la que yo me sentía muy bien».[7]

La formación académica también era rigurosa: estaba enfocada en el estudio de las *Constituciones*, la historia de la Compañía y la autobiografía de san Ignacio; y en las «pruebas», esto es, el mes de los ejercicios espirituales, el de hospital, el de la peregrinación y el de los servicios humildes. El más importante, el de los ejercicios espirituales, se realizaba de acuerdo con las reglas de san Ignacio y en estricto silencio. El mes de hospital consistía en ir diariamente a un centro sanitario público a cuidar y confortar a los enfermos. Durante el de la peregrinación recorrían distintos pueblos, de dos en dos, sin dinero y viviendo de la caridad. Y el mes de los servicios humildes estaba dedicado a tareas manuales: «El mes de ejercicios fue, quizá, lo mejor del noviciado», contó. «Esa experiencia espiritual me marcó profundamente. Hace mucho bien, te lleva a la oración. Ahí uno aprende a rezar.»[8]

Concentrarse en lo pequeño

Para entender cabalmente a Francisco hay que intentar conocer, al menos de forma sucinta, la historia y las características de la Compañía de Jesús, creada en 1540 por san Ignacio de Loyola, quien a los treinta años dejó su carrera de soldado y abrazó la vida religiosa.

El formato de la Compañía remite a cierta organización militar, comenzando por su nombre. Se trata de una estructura piramidal en cuyo vértice está el general de los jesuitas —que solo recibe órdenes del Papa—, elegido por una asamblea y con cargo de por vida. Los miembros se ordenan en cuatro grados. El primero está constituido por los padres *profesos,* sacerdotes que superan todas las etapas de formación previstas y realizan, además de los tres votos solemnes (pobreza, castidad y obediencia), un cuarto voto especial de obediencia al Papa. En el segundo grado se encuentran los *sacerdotes,* que solo prestan los tres votos. En el tercero, los *hermanos legos,* dedicados al trabajo manual. Y en el cuarto grado aparecen los *novicios,* aquellos que están por entrar en la Compañía.[9] En toda la pirámide rige el principio básico de la subordinación.

Ignacio redactó la *Carta acerca de la obediencia,* donde describe tres formas de obedecer. La de primer grado: «Aunque se esté en desacuerdo y se piense que el Superior está errado se obedece, pero sin buena voluntad. Eso es obediencia de tipo imperfecto». La de segundo grado: «A pesar de considerar que el Superior está en un error, se decide hacer voluntariamente el deseo de este. Es alegría en la obediencia». Y la tercera, la obediencia del intelecto o ciega, es la máxima. Obviamente, la *Carta...* deja claro que las órdenes no pueden incluir ninguna forma de pecado.

La Compañía se creó como una orden moderna e independiente de las autoridades locales, y requería un voto de obediencia absoluta «a fin de ir donde nos manden en cualquier momento y a cualquier costo de nuestra vida y comodidad».[10] Sus miembros serían soldados del Papa, una suerte de organización de élite dispuesta a dar la batalla de la fe en todos los rincones del mundo. Recibían una sólida formación intelectual, que incluía la educación universitaria.

San Ignacio redactó las *Constituciones de la Compañía de Jesús*, que aún siguen vigentes. El voto de pobreza es absoluto y las normas incluyen la humildad en la vestimenta. También redactó los *Ejercicios Espirituales*, un manual que hoy continúan utilizando los novicios. El padre James Martin S. J.[11] explica:

> Uno de los principales objetivos de los *Ejercicios Espirituales* es enseñar a las personas a poner el discernimiento en práctica. Para san Ignacio significa saber que Dios nos ayudará a tomar buenas decisiones aun siendo conscientes de vernos motivados por fuerzas contradictorias o contrarias entre sí. Es la habilidad de ver claramente cuáles son esas fuerzas y ser capaces de identificar, ponderar y juzgar para, finalmente, escoger el camino más alineado con los deseos de Dios para ti y para el mundo.[12]

Cuando el padre Antonio Spadaro, en su entrevista a Francisco del 21 de septiembre de 2013 para la revista *La Civiltà Cattolica*, le preguntó qué aspecto de la espiritualidad ignaciana le ayudaba más a vivir su ministerio, el Papa eligió el discernimiento: «Es una de las cosas que Ignacio ha elaborado más interiormente. Para él es un instrumento de lucha destinado a conocer mejor al Señor y seguirlo de cerca. Me ha impresionado siempre una máxima con la que suele describirse la visión de Ignacio: *Non coerceri a maximo, sed contineri a minimo, divinum est* (No tener límite para lo grande, pero concentrarse en lo pequeño, eso es lo divino)».

A la muerte de Ignacio en 1556, los diez integrantes del grupo original se habían convertido en mil. Tenían más de cien casas en doce regiones del mundo y treinta y cinco colegios de educación superior para la juventud. La consigna que dejó a sus discípulos como testamento no fue precisamente la de quienes se conforman con la mediocridad: *Ite, inflammate omnia* (Id e incendiad). Usando una expresión más moderada, el 25 de julio de 2013 Francisco dijo en Río de Janeiro, Brasil, ante un millón de jóvenes: «Hagan lío». Antes de ser elegido Papa, frente a los cardenales, también aportó una definición de innegable cuño ignaciano: «La Iglesia está llamada a salir de sí misma e ir hacia las periferias, no solo las geográficas, sino también las periferias existenciales».

El jesuita Humberto Miguel Yáñez, profesor de la Universidad Gregoriana, describió de qué modo impresionó en el Vaticano el primer Papa de formación jesuita:

Francisco es un Papa original. No posee el estilo formal de los Papas reyes. Bergoglio no tiene nada de rey. En ese sentido es un gran cambio, por el cual muchos todavía están impactados. Él no ocupa los aposentos pontificios, vive en la Casa de Santa Marta para tener contacto con la gente. [...] Esa es otra de sus características: es un Papa religioso después de muchos siglos y el primer jesuita. Todo eso se percibe en su modo de conducirse, de ser y de tratar a las personas. No ama para nada el protocolo. Tiene un estilo llano, sencillo, espontáneo, natural. Llama la atención que sea tan normal. Hay un chiste que se escucha por los pasillos vaticanos: «Tiene nombre franciscano, se viste como dominico, pero en el fondo es jesuita». Francisco es profundamente jesuita, eso no lo ha perdido. Él entendió muy bien la propuesta del Concilio de volver a las fuentes. A nosotros nos hizo estudiar los *Ejercicios*, las *Constituciones*, las misiones jesuíticas. Pero no para quedarnos adentro sino para ir hacia los pobres, para comprometernos con ellos. En él existe esa tensión entre la espiritualidad y la acción.[13]

Una manta para el frío

En marzo de 1960, en compañía de los seminaristas Andrés Swinnen y Carlos Constable, Jorge Bergoglio se trasladó a Chile e ingresó en la casa de retiro hoy llamada San Alberto Hurtado, en memoria de su fundador, para completar la etapa formativa denominada «el juniorado». Allí estudió Humanidades, Historia, Literatura, Lenguas Clásicas y Arte.

Desde hacía dos décadas, en Chile se sucedían gobiernos de derecha. En 1960 era el turno del gobierno de Jorge Alessandri, un empresario que se presentaba como apolítico e independiente y que establecería un gobierno «de gerencia para Chile», al estilo del sector privado. Siguiendo esta idea, se rodeó de un equipo técnico formado por abogados, ingenieros y economistas, pero sus políticas no lograron modificar las profundas desigualdades sociales.

Durante su estancia en la casa de retiro, Jorge tuvo contacto con la dura realidad social local. Daba catecismo en barrios muy pobres a niños de ocho a diez años y la experiencia lo impactó fuertemente. Desde allí escribió a su hermana María Elena: «Vienen descalzos, no tienen un pedazo de pan para comer, viven en casas de lata o en cuevas, y no tienen ni una frazada para taparse del frío y la lluvia».[14]

El fundador de la casa, el padre Alberto Hurtado —canonizado en 2005—, era un sacerdote con una enorme preocupación social. En 1945 fundó la Acción Sindical y Económica Chilena, y su compromiso con los trabajadores le valió el apodo de «cura rojo» o «cura comunista». Jorge no lo conoció personalmente porque falleció en 1952, pero sí accedió a su obra y su pensamiento. A Hurtado aún se lo recuerda recorriendo las calles de Santiago con su camioneta, recogiendo a personas desvalidas, para quienes fundó el Hogar de Cristo, un sitio de tránsito para acoger a personas sin hogar. Cuando fue obispo de Buenos Aires, Bergoglio desarrolló iniciativas muy similares.[15]

En su gira por Chile de 2018, Francisco visitó el santuario del padre Hurtado. Allí se reunió privadamente con los jesuitas, con quienes recordó su paso por ese país, y luego lo hizo con voluntarios y beneficiarios de programas sociales que desarrolla la Iglesia.

De Hölderlin a Marechal

En 1961 Jorge ingresó en la Facultad de Filosofía y Teología del Colegio Máximo para completar su formación. Entre sus profesores estaban los sacerdotes Miguel Ángel Fiorito, Francisco Jalics, Eduardo Pironio, Antonio Quarracino y Jacinto Luzzi.

El ciclo filosófico concluyó en 1963 con el *Periculum*, la defensa oral de sus tres años de estudios. Era un examen de dos horas en latín ante un tribunal formado por una decena de jesuitas. Obtuvo la mayor calificación y pasó a la nueva etapa, la de enseñanza. Fue enviado dos años al Colegio de la Inmaculada Concepción en Santa Fe y uno al Colegio del Salvador en Buenos Aires.

Leandro Pastor, exseminarista jesuita y amigo personal de Bergoglio, recordó aquella época para este libro:

> En la formación jesuita hay una etapa llamada «del magisterio». Antes de ordenarnos teníamos que pasar un período como «maestrillos» en algún colegio de la Orden. Conozco a Jorge desde nuestro ingreso al seminario. Era un muchacho callado, que no sobresalía del grupo y extremadamente solidario con sus compañeros. Tenía una enorme vocación de servicio. Y también llevaba innatas las cualidades del líder, que comenzaron a develarse cuando pasó al

Colegio del Salvador en Buenos Aires. Siempre pensé que Jorge, hasta Papa, no paraba. Él tenía una dosis sana de ambición y de habilidad en el manejo del poder, muy típica de los líderes.

El Colegio de la Inmaculada Concepción de Santa Fe fue creado por los jesuitas en 1610, casi al mismo tiempo que la fundación de la ciudad. Con la expulsión de la Compañía de Jesús en 1767 el colegio se cerró y el templo fue encargado a los padres mercedarios. Tras los años de la emancipación y de las luchas por la organización nacional, en 1862 el gobernador Patricio Cullen convocó nuevamente a la Compañía de Jesús para reabrirlo.

En esa renovada institución, Jorge ejerció durante 1964 y 1965 como maestro de Literatura. Siempre fue un gran lector. Entre sus obras preferidas sobresalían la poesía de Hölderlin, los clásicos italianos *Los novios* y la *Divina Comedia*, Dostoievski y los argentinos Leopoldo Marechal y Jorge Luis Borges. Todavía se recuerda su paso por el colegio y el ambiente intelectual de Santa Fe por haber organizado la visita de dos figuras de la literatura nacional: María Esther de Miguel y el propio Borges.

El Inmaculada, como se lo conoce en esa provincia, era una institución de enorme prestigio, donde las familias patricias o acomodadas de la zona educaban a sus hijos. Y, como otros centros de formación católica, fue tanto un foco de actividades revolucionarias contra Perón en 1955 como una cuna de militantes montoneros en los años setenta.

Del Inmaculada Jorge pasó a ejercer como maestro en

el Colegio del Salvador de Buenos Aires. Entre 1967 y 1970 terminó su formación cursando Teología en el Colegio Máximo. En julio de 1969 fue ordenado sacerdote. Tres años después, fue designado maestro de novicios en la residencia Villa Barilari, de San Miguel, y uno de los cinco consultores de la provincia jesuítica.

Un muro de silencio

«Mi familia también fue golpeada por la violencia. Yo sé lo que se sufre», le dijo Bergoglio a Ana María Aimetta.

El 27 de noviembre de 1976 el docente universitario Néstor Julio España fue secuestrado en la intersección de las calles Vidt y Güemes de la ciudad de Buenos Aires por personal de la Marina vestido de fajina. Al día siguiente fue allanado su domicilio en el barrio de Villa del Parque. Allí detuvieron también a Liliana Esther Aimetta, de veintidós años, misionera metodista y maestra en el colegio Nuestra Señora del Rosario, vinculada políticamente a Montoneros al igual que su compañero.

Ana María Aimetta, su hermana, estudiaba Filosofía en la Universidad del Salvador, era miembro de Guardia de Hierro[16] y discípula de la filósofa Amelia Podetti, amiga de Bergoglio. Enterado de la situación él se comunicó con Ana María y le ofreció su ayuda para dar con el paradero de Liliana, pero todas sus gestiones chocaron contra el muro de silencio que se levantaba alrededor de los secuestrados. Liliana y Néstor pasaron a engrosar la lista de desaparecidos.

Tiempo después, Ana María concurrió a ver al provincial para agradecerle su gestión. Allí Bergoglio recordó que su familia, en 1956, también había sido afectada por la violencia cuando fue fusilado el coronel Lorenzo Oscar Cogorno, quien tenía parentesco con su madre.

La autoproclamada Revolución Libertadora, que derrocó a Perón en 1955, disolvió y proscribió por decreto al partido peronista. En junio de 1956 un grupo de militares encabezados por Juan José Valle intentó un golpe de Estado para restituir la soberanía popular y convocar elecciones sin proscripciones. El gobierno de facto, enterado de sus planes, lo dejó actuar para reafirmar su poder con un escarmiento de sangre. El saldo de la intentona fue el fusilamiento de veintisiete personas entre civiles y militares. Entre estos últimos, estaba el coronel Cogorno.

Su asesinato afectó en forma directa a la familia Bergoglio. Los Cogorno tenían un parentesco con ellos a través de una rama que venía del pueblo italiano del mismo nombre. El coronel dejó al morir cuatro hijos pequeños. La familia de Jorge Mario se sintió muy conmocionada por este hecho tan brutal, que también lo marcó a él. Tenía diecinueve años.

2
Dios no quiere que haya pobres

El Concilio Vaticano II en Argentina

> El Concilio Vaticano II supuso una relectura del Evangelio a la luz de la cultura contemporánea. Produjo un movimiento de renovación que viene, sencillamente, del propio Evangelio. Los frutos son enormes.
>
> Papa FRANCISCO

En enero de 1959 el papa Juan XXIII anunció la convocatoria a un concilio para renovar la Iglesia. Al tiempo que hacía el gesto de abrir una ventana, expresó: «Quiero abrir las ventanas de la Iglesia para que podamos ver hacia fuera y los fieles puedan mirar hacia el interior». La palabra que definió al concilio fue *aggiornamento*, que significaba poner la Iglesia al día renovando los elementos que más necesidad tuvieran de ello y revisando el fondo y la forma de todas sus actividades.

Su propósito era acercarla a los hombres sin importar raza, posición ni jerarquía, y lo haría a través de sus dos encíclicas: *Mater et Magistra*, de contenido social, y *Pacem in Terris*, que estimulaba la participación activa de los católicos en la vida pública, la cooperación con los no católicos y un mejoramiento de las condiciones humanas.

El Concilio Vaticano II se realizó entre 1962 y 1965, y modificó la liturgia modernizándola y empleando las lenguas propias de cada pueblo. Afirmó, además, que la santidad no es cosa de religiosos, frailes o curas, sino de todos. Y que cada uno de los fieles puede ser santo si se ofrece a Dios.

El jesuita Jorge González Manent recuerda su reencuentro con Bergoglio en el Colegio Máximo en los días del Concilio. «Era como una devoción personal: había quienes apenas sabían qué se estaba celebrando, mientras que otros lo seguíamos muy de cerca».[17] Los dos estaban en el segundo grupo y se encargaban de divulgar la marcha del concilio en el colegio mediante carteles breves que colgaban en los tablones de anuncios. El jesuita chileno Fernando Montes también recuerda sus conversaciones con Jorge en ese momento: «Estábamos del lado de los que querían una Iglesia más abierta, no una Iglesia de la resistencia».

La Iglesia no se casa con ningún sistema

Este gran movimiento de cambios eclesiásticos impactaría fuertemente en la realidad social y política argentina. Ejemplo de ello fue el *Manifiesto de los 18 obispos*, elaborado en 1967. Su génesis tuvo lugar dos años antes, en noviembre de 1965, en las catacumbas romanas de Santa Domitila, donde cuarenta obispos, en su mayor parte latinoamericanos, firmaron el llamado «Pacto de las Catacumbas de la Iglesia sierva y pobre». En palabras de monseñor Alberto Devoto, obispo de Goya, Corrientes, se reunieron allí «los padres conciliares que hemos venido actuando para una mayor presencia de la Iglesia en el mundo de los que sufren».[18]

En adhesión a la encíclica *Populorum Progressio* de Pablo VI (1967), dieciocho obispos de Latinoamérica, Asia y África, coordinados por el arzobispo de Olinda y Recife, monseñor Helder Cámara, el 15 de agosto de 1967 dieron a conocer un documento titulado *Manifiesto de los 18 obispos*, que señalaba:

> Frente a los movimientos que actualmente sublevan a las masas obreras y campesinas del Tercer Mundo, algunos obispos, pastores de estos pueblos, dirigen este mensaje a sus sacerdotes, a sus fieles y a todos los hombres de buena voluntad. Esta carta prolonga y adapta la encíclica sobre el desarrollo de los pueblos. En la evolución actual del mundo, las revoluciones se han producido o se están produciendo. Ello no tiene nada de sorprendente. Todos los poderes ya establecidos han nacido en una época más o menos lejana de una revolución, es decir, de una ruptura con un sistema que ya no aseguraba el bien común, y de la instauración de un nuevo orden más apto para procurarlo. No todas las revoluciones son necesariamente buenas. El ateísmo y el colectivismo a los cuales ciertos movimientos creen deber ligarse son peligros graves para la humanidad. Por otra parte, las Iglesias se encuentran ligadas al sistema de tal manera que parecen estar confundidas, unidas en una sola carne como en un matrimonio. Pero la Iglesia tiene un solo esposo, Cristo. La Iglesia no está casada con ningún

sistema, cualquiera que este sea, y menos con el «imperialismo internacional del dinero» (*Populorum Progressio*), como no lo estaba con la realeza o el feudalismo del Antiguo Régimen, y como tampoco lo estará mañana con tal o cual socialismo. Dios no quiere que haya pobres siempre miserables. La religión no es el opio del pueblo. La religión es una fuerza que eleva a los humildes y rebaja a los orgullosos, que da pan a los hambrientos y hambre a los hartos.

El documento se ubicó geopolíticamente en el espacio del llamado bloque del Tercer Mundo, países que buscaban mantener independencia del imperio estadounidense y del bloque soviético, que estaban librando entre ellos una «guerra fría o de baja intensidad». El texto se pronunció claramente en contra del capitalismo y a favor de una mayor distribución de la riqueza, si bien reiteró sus prevenciones contra el «ateísmo y el colectivismo», en crítica al comunismo. Aunque hablaba del «socialismo», no lo definía desde la concepción marxista: «Los cristianos tienen el deber de mostrar que el verdadero socialismo es el cristianismo integralmente vivido, en el justo reparto de los bienes y la igualdad fundamental».

El MSTM fue una corriente dentro de la Iglesia católica argentina iniciada en octubre de 1967, cuando los sacerdotes Miguel Ramondetti y Rodolfo Ricciardelli lo tradujeron al castellano y lo difundieron por carta entre sacerdotes de todo el país. Más de doscientos setenta de ellos se adhirieron con su firma al *Manifiesto de los 18 obispos*.

El movimiento se consolidó hacia junio de 1970 con sus tres primeros encuentros nacionales. Y su «bautismo de fuego» se produjo el 25 de septiembre de 1971, cuando fueron detenidos en la ciudad de Rosario cuarenta y tres sacerdotes tercermundistas mientras se manifestaban pidiendo la libertad de los religiosos Carlos Arroyo, Néstor García, José María Ferrari y Santiago Mac Guire, encarcelados días antes. Cabe destacar que desde sus inicios sus actividades fueron monitoreadas por los servicios de inteligencia y algunos curas eran objeto de vigilancia permanente.

El MSTM no pudo escapar a la vorágine de acontecimientos ni a la dinámica del proceso político que se inició en la década de 1970.

Del compromiso espiritual a la lucha armada

En el marco de la estrategia continental del Departamento de Estado de los Estados Unidos, en junio de 1966 se inició la dictadura del general Juan Carlos Onganía, que se proponía «impedir la subversión comunista» y «normalizar el país recién cuando el peronismo esté olvidado». Su resultado fue exactamente el contrario.

En mayo de 1969 se iniciaron en la provincia de Corrientes los primeros disturbios estudiantiles, que siguieron en Rosario y culminaron a fin de mes en el Cordobazo, la mayor insurrección popular de la historia argentina.[19] A partir de ese momento comenzaron a organizarse los distintos grupos guerrilleros. El 29 de mayo de 1970 sale a la luz la organización Montoneros,[20] al reivindicar el secuestro y la ejecución del general Pedro Eugenio Aramburu.

Este hecho termina con el gobierno de facto de Onganía, quien es reemplazado por otro general, Roberto Marcelo Levingston.

Al revisar la historia de una gran mayoría de los militantes de la organización Montoneros, se encuentra una constante: eran jóvenes de clase media o alta, de padres antiperonistas, nacidos entre 1948 y 1957, que habían participado en grupos de orientación cristiana. ¿Cómo había sido su formación humana? ¿Qué fuerza interior los volcó hacia el compromiso social, que derivaría en un compromiso político y, de allí, a la total entrega de su vida involucrándose en la lucha armada?

A fines de los años sesenta, con el impulso del Concilio Vaticano II y la encíclica *Populorum Progressio*, la Iglesia se había convertido en una gran atracción juvenil. Las mismas estructuras de Acción Católica que en la década de 1950 habían servido para competir con el peronismo se inclinaron hacia un trabajo pastoral más amplio. En cada parroquia, los curas jóvenes organizaban a los niños de entre siete y catorce años como «aspirantes» de Acción Católica. Luego podrían seguir en la Juventud de Acción Católica (JAC), la Juventud Estudiantil Católica, la Juventud Universitaria Católica y la Juventud Obrera Católica. Es de destacar que esta estructura, con nombres similares, se repetirá en la organización de los distintos frentes de Montoneros.

Los «aspirantes» de Acción Católica participaban en campamentos formativos. El campamento era una escuela de vida. Los niños vivían tempranamente la experiencia de viajar sin sus padres; aprendían a compartir el tiempo en una comunidad de iguales, se establecían normas, una organización con jerarquías y se distribuían las labores manuales.

Algunos —aunque no la mayoría— de aquellos niños se convirtieron, en la adolescencia, en militantes políticos y tomaron el camino de la lucha armada. Imitando al Che Guevara y a Camilo Cienfuegos, soñaron con entregar tempranamente la vida a una revolución que tenía formatos imprecisos y buscaba la realización del «hombre nuevo» en una sociedad nueva.

Los campamentos contagiaban a los niños de una enorme mística. La «Marcha de las JAC» se entonaba en las caminatas por la montaña: «Aquí va la legión de la JAC, la moderna cruzada, juvenil escuadrón que brotó bajo el sol de la fe. A forjar con su acción, nuestra patria viril del mañana, a luchar con tesón, por el triunfo de Cristo, su Rey. Si muero en la batalla, sin inclinar la frente, al rayar la aurora triunfal, será mi sueño realidad. Seré condecorado por el Supremo Jefe, con la cruz azul de acero, la de los héroes de la JAC».

Solo unos pocos de aquellos jóvenes militantes murieron a la luz del sol. La mayoría fueron asesinados en las mesas de tortura o arrojados vivos al mar. No hubo condecoraciones ni cruz de acero, «la de los héroes de las JAC».

Un cura en Moreno

La anécdota es desconocida. Data de mediados de 1972, cuando Jorge Bergoglio todavía no era provincial de los jesuitas pero ya se exponía para proteger a los suyos.

Ricardo Carmelo *Lolo* Gómez, quien brindó su testimonio para este libro, integraba la primera Unidad Básica de Combate (UBC) de Montoneros en la localidad de Moreno:

> Entre los compañeros de la organización que llegaron a militar en Moreno estaban Mariano y su pareja, Graciela. Él había sido seminarista. A fines de 1972, por la toma de una fábrica, la policía detiene a parte de la UBC gremial y todos van a parar a la comisaría de Moreno. Recuerdo que, mientras un grupo de compañeros hacíamos el aguante fuera, apareció un cura jovencito de sotana negra. Nosotros nos preguntamos qué hacía ese *cuervo*[21] ahí y alguien nos dijo que había ido a pedir la libertad del exseminarista Marianito. Después nos enteramos de que también le había llevado ropa y alimentos, que comieron entre todos. A los compañeros los liberaron a los pocos días y el tema quedó allí. Muchos años después, recién cuando Bergoglio fue obispo en Buenos Aires, el Patilla, uno de los que habían caído presos, evocando aquella anécdota me preguntó si recordaba al cura que había ido a pedir por Marianito. Me señaló su foto en el diario y me dijo: ese curita era este Bergoglio.

En ese momento Jorge era maestro de novicios y uno de los cuatro consultores de la provincia jesuítica. Aunque ya sentía simpatía hacia el peronismo, su preocupación seguía enfocada en lo pastoral, sin ninguna participación política. No se integraba en el MSTM y mucho menos estaba de acuerdo con la lucha armada y la visión marxista de la historia. Sin embargo, su vocación solidaria lo llevaba a exponerse para proteger y ayudar a sus amigos cercanos.

Ayudó a muchos

«Mis posiciones teológicas eran diferentes a las de Jorge Bergoglio, aunque no muy distantes», respondió el filósofo Enrique Dussel cuando en 2013 le preguntaron sobre el papa Francisco en el diario mexicano *Excélsior*. Se habían conocido en la revista *Stromata*. Hoy Dussel es considerado uno de los principales pensadores cristianos latinoamericanos del siglo XX, pero cuando en 1973 publicó *Filosofía de la liberación*, el rechazo de los medios intelectuales y políticos católicos de Mendoza, donde había nacido y vivía, fue inmediato y su casa fue seriamente dañada por una bomba. En 1975 lo expulsaron de la Universidad de Cuyo, donde era catedrático, por considerarlo un teólogo marxista. Sus obras se prohibieron y se clausuró la revista que dirigía. Sin embargo, uno de los pocos que lo apoyaron en esas horas difíciles fue Jorge Bergoglio. A finales de ese año se exilió en México y jamás volvió. Recordando la época en que ambos colaboraban en *Stromata* relató: «Él no hizo distinciones ideológicas entre las personas que eran perseguidas por la dictadura y ayudó a muchos. Hoy, que los años de plomo pueden ser juzgados de otro modo, hay que tener en cuenta las circunstancias de entonces».

3
En busca de las raíces

El pensamiento político de Bergoglio

> No renieguen de la historia de su patria, no renieguen de la historia de su familia, no nieguen a sus abuelos. Busquen las raíces. Y desde allí construyan el futuro.
>
> Papa FRANCISCO,
> 25 de mayo de 2018, mensaje para el
> Segundo Encuentro Nacional de Juventud
> en Rosario, Santa Fe

Francisco promueve constantemente la importancia de conocer la propia historia. Siempre fiel a su forma de pensar, en la Pascua de 2002, cuando era cardenal, expresó: «Los argentinos tenemos una peligrosa tendencia a pensar que todo empieza hoy [...]. Pero si no aprendemos a reconocer y asumir los errores y los aciertos del pasado que dieron origen a los bienes y males del presente, estaremos condenados a la eterna repetición de lo mismo».

Justamente, uno de los temas que generan mayores controversias en torno a su figura es la discusión acerca de su pensamiento político y su cercanía con el peronismo. Fuera de Argentina es poco lo que se conoce de este movimiento, imposible de encasillar en las categorías políticas europeas, por lo que su mención se presta a permanentes confusiones.[22] Por eso es imprescindible referirse brevemente a su origen, sus características y su importancia, para luego contextualizar el pensamiento de Jorge Bergoglio.

Muy sucintamente, puede decirse que en 1945 el coronel Juan Domingo Perón, aprovechando la coyuntura internacional favorable de la posguerra, conformó un poderoso movimiento nacional que tenía como base la clase trabajadora organizada, sectores de la pequeña y mediana burguesía industrial, el Ejército y la Iglesia católica. Su proyecto en materia social superaba algunas de las ideas más avanzadas del estado de bienestar y del *New Deal*, en boga en Occidente. Mucho antes de que lo hicieran los europeos, impulsó la conformación de un gran bloque regional: el ABC (Argentina, Brasil y Chile), antecedente histórico de Mercosur. Además se propuso lograr un desarrollo industrial y tecnológico independiente y dotar al justicialismo de una doctrina propia de raíz latinoamericana y cristiana, que él llamó «comunidad organizada». La definió como «una nueva filosofía de la vida, simple, práctica, popular, profundamente cristiana y profundamente humanista, que realiza el equilibrio del derecho del individuo con el de la comunidad poniendo el capital al servicio de la economía, y esta, al servicio del bienestar social».

El obispo de San Justo, Eduardo Horacio García, cercano a Francisco, en su homilía del 1 de julio de 2018 expresó: «La Tercera Posición que dejó Perón es una propuesta que supera a todas las ideologías que hoy existen en el mundo, porque surge de los principios de la justicia social que abrevan de la Doctrina Social de la Iglesia. De ahí su vigencia universal».

Un vínculo muy complejo

En 1955, cuando Perón fue derrocado por una sublevación de sectores de las Fuerzas Armadas que instauraron una dictadura, Jorge tenía dieciocho años. Sobre el tema, dijo:

> La única vez que vi a Perón fue cuando me tocó ir como abanderado de mi colegio al Teatro Colón.[23] Nos pusieron en el escenario a todos los abanderados y ahí lo vi de cerca. A Evita también la vi en una oportunidad. Fue cuando entré a una unidad básica de la calle Córdoba con mi hermano porque necesitábamos unos folletos para un trabajo en el colegio. Ella estaba allí y nos saludó, pero nada más. En la adolescencia tuve una incursión por el «zurdismo», leyendo libros del Partido Comunista que me daba mi jefa de laboratorio, Esther Ballestrino de Careaga, una gran mujer que antes había sido secretaria del Partido Febrerista Paraguayo. [...] Después acompañé a grupos de jóvenes con diversas experiencias políticas. [...] En 1951 y 1952 esperaba con ansias que pasaran los que vendían *La Vanguardia*. Pero nunca me afilié a ningún partido.

La Vanguardia, el órgano oficial del Partido Socialista de Américo Ghioldi, destilaba un antiperonismo furioso. Jorge Bergoglio, durante su adolescencia, era partícipe de Acción Católica y estaba inmerso en el conflicto Iglesia versus peronismo. Aunque algunos afirmaron lo contrario, en esa época no tenía simpatías por el movimiento creado por Perón. Es más: su familia era radical y antiperonista.

En *Sobre el cielo y la tierra*, dio su visión sobre el primer peronismo:

Cuando Evita propuso un camino de compromiso social con su fundación, se dio un conflicto con la Sociedad de Beneficencia porque ella traía lo nuevo, más integración social. [...] Al principio, la Iglesia no se enfrentó con Perón, que tenía mucha cercanía a ciertos clérigos. Perón quería usar los elementos de la Doctrina Social de la Iglesia e incorporó muchos de ellos a sus libros y a sus planteos. Resulta simplista decir que la Iglesia solo apoyó o solo se opuso a Perón. La relación fue mucho más compleja, fue y vino: primero hubo apoyo, después un vínculo de maridaje de algunos dirigentes y, por último, un enfrentamiento. Bien complejo, como el peronismo. También me gustaría aclarar que, cuando se señala «la Iglesia», se está hablando de los obispos, los curas, las jerarquías; pero la Iglesia es todo el pueblo de Dios.[24]

La piedad de los pobres y sencillos

Jorge fue ordenado sacerdote en julio de 1969. Había pasado años dedicado al estudio y la oración y tenía una cualidad especial para dirigir los ejercicios espirituales, tarea que nunca dejó de desarrollar. Pero su aproximación a la política llegó por el lado de la filosofía.

En 1970 comenzó a colaborar con la revista de teología *Stromata*, que dirigía el padre Enrique Laje, y a participar de las Jornadas Académicas Interdisciplinarias de Teología, Filosofía y Ciencias Sociales, que se realizaban en el Colegio Máximo. También se vinculó con el Grupo de los Rioplatenses, pensadores argentinos y uruguayos en busca de una identidad cultural y religiosa latinoamericana. Entre ellos estaban Amelia Podetti, Alberto Methol Ferré y Guzmán Carriquiry Lecour. El acercamiento de Bergoglio al peronismo se produjo por su amistad con Amelia Podetti,[25] quien lo invitó a participar en algunas ocasiones en las reuniones en el Instituto Ramón Carrillo, un centro dedicado al pensamiento histórico político con fuerte acento en la crítica filosófica. Otros teólogos y filósofos que tomaron parte de esos debates fueron Lucio Gera, Rafael Tello, Juan Carlos Scannone, Gerardo Farrell, Enrique Dussel e incluso Rodolfo Kusch. Este núcleo daría origen a la Teología del Pueblo, corriente nacida entre 1969 y 1973 como una rama autónoma de la Teología de la Liberación. Los debates políticos e ideológicos que sacudían América Latina en los años setenta también tuvieron su correlato dentro de la Iglesia.

La Teología del Pueblo tomaría de la Teología de la Liberación la opción preferencial por los pobres, pero se diferenció en que no se centraba en la lucha de clases, sino en las nociones de «pueblo» y «antipueblo» y en las particularidades que adquirían las luchas populares y la cultura en Latinoamérica.

El principal impulsor de la Teología de la Liberación había sido el peruano Gustavo Gutiérrez, mientras que el gestor de la Teología del Pueblo fue el argentino Lucio Gera. Ambas corrientes nacieron en Latinoamérica a partir del Concilio Vaticano II, pero la peculiaridad del pensamiento de Lucio Gera fue que se basó en el reconocimiento del peronismo como cultura esencial del pueblo argentino.

Lo mencionado hasta aquí influye en la consideración

de la religiosidad popular. Por un lado, se veía a la religión como núcleo de la cultura de un pueblo. Por otro, se hacía referencia —con Pablo VI— a la piedad «de los pobres y sencillos», estimando que, de hecho, son estos últimos quienes preservan mejor la cultura común, con sus valores y símbolos. Por ello, la religión del pueblo, lejos de ser vista como un opio, no solo tuvo y tiene un potencial evangelizador, sino también de liberación humana.

Según señaló Armando Puente en *Yo, argentino*, «para Bergoglio, la teología popular no es populismo, sino que considera al pueblo como sujeto de la historia, en contraposición a la teología marxista de la liberación, que reserva ese privilegio a una clase social: el proletariado. Confía en la expresión de la fe sencilla, sobre todo del pueblo pobre, que no sufre ninguna mediación culta o ilustrada que la desvirtúe».[26]

El poliedro

El pensamiento y la acción del papa Francisco se basan en cuatro principios que elaboró en su juventud: el tiempo es superior al espacio; la unidad prevalece sobre el conflicto; la realidad es más importante que la idea; el todo es superior a la parte. Según cuenta el jesuita Juan Carlos Scannone, «cuando Jorge Mario Bergoglio era provincial, en 1974, ya los empleaba; y lo he escuchado mencionarlos para iluminar distintas situaciones que se trataban en ese ámbito».

En la encíclica *Evangelii gaudium* (222-237) desarrolla estos conceptos.

- El tiempo es superior al espacio:

Uno de los pecados que a veces se advierten en la actividad sociopolítica consiste en privilegiar los espacios de poder en lugar de los tiempos de los procesos. [...] Este principio permite trabajar a largo plazo, sin obsesionarse por resultados inmediatos. Ayuda a soportar con paciencia situaciones difíciles y adversas. [...] Darle prioridad al tiempo es ocuparse de iniciar procesos más que de poseer espacios.

- La unidad prevalece sobre el conflicto:

El conflicto no puede ser ignorado o disimulado. Ha de ser asumido. Pero si quedamos atrapados en él, perdemos perspectivas, los horizontes se limitan y la realidad misma queda fragmentada. [...] La manera, la más adecuada, de situarse ante el conflicto es aceptar sufrirlo, resolverlo y transformarlo en el eslabón de un nuevo proceso.

- La realidad es más importante que la idea:

Existe también una tensión bipolar entre la idea y la realidad. La realidad simplemente es, la idea se elabora. Entre las dos se debe instaurar un diálogo constante, evitando que la idea termine separándose de la realidad. [...] Esto supone evitar diversas formas de ocultar la realidad: los purismos angélicos, los totalitarismos de lo relativo, los nominalismos declaracionistas, los proyectos más formales que reales, los fundamentalismos ahistóricos, los eticismos sin bondad, los intelectualismos sin sabiduría.

- El todo es superior a la parte:

> El todo es más que la parte, y también es más que la mera suma de ellas. Entonces, no hay que obsesionarse demasiado por cuestiones limitadas y particulares. Siempre hay que ampliar la mirada para reconocer un bien mayor que nos beneficiará a todos. El modelo no es la esfera [...], donde cada punto es equidistante del centro y no hay diferencias entre unos y otros. El modelo es el poliedro, que refleja la confluencia de todas las parcialidades que en él conservan su originalidad. Tanto la acción pastoral como la acción política procuran recoger en ese poliedro lo mejor de cada uno. Allí entran los pobres con su cultura, sus proyectos y sus propias potencialidades. Aun las personas que puedan ser cuestionadas por sus errores tienen algo que aportar que no debe perderse. Es la conjunción de los pueblos que, en el orden universal, conservan su propia peculiaridad; es la totalidad de las personas en una sociedad que busca un bien común que verdaderamente incorpora a todos.

Un predicador de la doctrina

El arquitecto e investigador Carlos María Zavalla atesoró una publicación del Centro de Investigación y Acción Social (CIAS) de abril de 1974 titulada *Teología de la Liberación. Su profundización a partir de la experiencia peronista* (mimeo), con la firma del padre Ernesto López Rosas J. S. El texto es muy valioso porque refleja el clima de época y los debates de los años setenta entre teólogos de la Compañía de Jesús.

El escrito comienza explicando que existen varios autores y textos sobre la Teología de la Liberación, pero se centra en el libro de Gustavo Gutiérrez. Dice:

> Si bien reconocemos en Gutiérrez, como en otros autores, el intento de una «nueva manera de hacer teología», creemos sin embargo que no se llega a la cosa iberoamericana. En otras palabras, no se llega a aclarar suficientemente el lugar hermenéutico desde donde se trabaja y, por tanto, todo el edificio cruje por los cimientos. [...]
> Llama la atención que en toda la obra [de Gutiérrez] no haya casi un solo dato de la historia de América. Pareciera, a riesgo de ser irónicos, que nuestra historia comenzara con la toma del cuartel de Moncada, porque no se dice nada de Bolívar, Artigas, San Martín, Rosas, Solano López, Hidalgo, etc. [...], ni siquiera se hace mención de ningún líder político, de ningún caudillo popular presente o pasado fuera de Fidel Castro. [...] En el caso de los intelectuales cristianos, muchas veces no tienen en cuenta que la revolución no comenzó ni con Medellín ni con Fidel Castro. El punto desde el cual criticamos es la doctrina peronista, que para nosotros es la síntesis verbalizada de la praxis de nuestro pueblo.

Respecto del proceder de los grupos cristianos, dice:

> La pasión por los oprimidos es de una gran altura ética, pero si no se dialectiza con «las diferentes formas de populismo» nunca va a aprender política, que es donde la ética se hace posible. [...] Esto es muy serio porque lo que logran a veces los grupos cristianos es una acentuación rígida de los conflictos, y la guerra no siempre es la mejor solución.

Tampoco evade un tema tan sensible como el vínculo de algunos grupos cristianos con las organizaciones guerrilleras:

> Muchos cristianos sufren persecución por su compromiso con el pueblo. Es cierto. Pero hay otros, cristianos también, que sufren persecución por sus propias imprudencias, por no saber mediatizar la ética en política, por creerse vanguardias con derecho a comandar un movimiento al que recién llegaron, en el fondo, por tener un proyecto propio alternativo, distinto del pueblo organizado.

El texto del CIAS finaliza diciendo:

> La obra cruje por los cimientos porque fallan los instrumentos de análisis de la realidad, que no pueden ser las ciencias sociales mediatizadas por un marxismo de importación. [...] La Teología de la Liberación no la vamos a hacer sin aceptar de adentro los movimientos populares, su doctrina y sus líderes. Allí tenemos que perdernos para encontrarnos como Iglesia-Pueblo de Dios. [...] Si bien el autor [Gutiérrez] no se declara marxista, preconiza un diálogo a lo Garaudy, muy interesante en Europa pero que aquí no tiene más vigencia que en algunos grupos de cristianos.

También cuestiona a Gutiérrez por su dedicación al análisis de Metz y porque destina «páginas y páginas» a la polémica de Bloch y Moltmann.

En *Latinoamérica. Conversaciones con Hernán Reyes Alcaide*, dice Francisco: «En la Iglesia hay diversas interpretaciones, según quién sea el que interprete. Algunas utilizan las pautas del setentismo, que vienen del París del 68 o de cierta teología alemana extrapolada. Eso no tiene nada que hacer en la interpretación de América Latina».[27]

Johann Baptist Metz, Jürgen Moltmann y Ernst Bloch eran teólogos y filósofos alemanes. Todo indica que la frase de Francisco está referida —al menos en parte— a los filósofos y teólogos aquí citados.

Sacerdotes con compromiso político

Este debate también se suscitó, entre julio de 1970 y noviembre de 1972, en el MSTM, entre los sectores más cercanos al peronismo y los influenciados por la izquierda.[28]

El 6 de diciembre de 1972, en su casa de Gaspar Campos, Perón recibió a una delegación de sesenta sacerdotes tercermundistas. El padre José Piguillem recordó aquel encuentro:

> Lo escuchamos hablar un largo rato; más tarde hubo diálogo y Jorge Vernazza —impulsor del movimiento— le preguntó qué teníamos que hacer nosotros. Perón respondió: «Tienen que hacer lo que yo hice toda mi vida: predicar. No he sido más que un predicador de la doctrina». Entonces, sacó un escapulario de la virgen de la Merced y dijo que era hermano mayor de la orden Mercedaria. Nos cayó muy simpática la actitud de decirnos que había sido un predicador toda su vida.[29]

En la distancia, y con una alta cuota de humor, el padre Domingo Bresci también recordó el encuentro: «Rubén Dri le preguntó cómo construir el socialismo en la Argentina. Y la respuesta de Perón fue que el socialismo, en la Argentina, era el justicialismo. Nosotros íbamos con la expectativa sobre qué lugar teníamos en el dispositivo de lucha del general, y él nos indicó que volviéramos a predicar en los púlpitos. Faltó que nos dijera "recen por mí", como ahora dice Francisco».

Sin embargo no todos salieron satisfechos de esa reunión. Para los peronistas, el solo contacto con el líder era un hecho mágico. Pero los que habían sido opositores en 1955 y ahora estaban en posiciones de izquierda se fueron de la reunión confirmando su creencia de que Perón no era el líder revolucionario que otros pregonaban. Al propio Perón —que había vivido de lejos esta transformación de un sector del clero— no dejaban de inspirarle cierta desconfianza los «curas metidos en política» aun cuando estuviesen a favor suyo. De ahí su respuesta: «Dedíquense a predicar», y las referencias a su devoción por la Virgen de la Merced.

El cura de moda

En los oscuros años previos al golpe de Estado, cuando se enseñoreaba la Triple A, muchos profesores universitarios o sacerdotes estaban en la mira de esta organización criminal. Entre ellos, Luis Eduardo Zorzin, el hermano once años menor del padre Víctor Zorzin, viceprovincial de la Compañía de Jesús junto al padre Bergoglio. Cuenta Víctor:

«Luis también era sacerdote, capellán de la cárcel y el "cura de moda". Era profesor de la Universidad de Río Cuarto, Córdoba, y fue acusado de ser ideólogo de Montoneros porque estaba fundando, junto con otros curas, el Movimiento de Sacerdotes para el Tercer Mundo.

»Para evitar la persecución y la muerte, Luis Eduardo se fue a estudiar a París por seis meses sin un peso en el bolsillo. Entonces, Bergoglio me envió a Roma con una excusa para que tuviera la oportunidad de verlo y de hacerle llegar dinero. Con el tiempo, Luis dejó el ministerio y viajó a Tijuana, en México, donde ejerció como profesor de Sociología, título que había obtenido en La Sorbona. Al llegar la democracia, pudo volver a la Argentina una vez que el presidente Raúl Alfonsín lo sacó de una lista de personas con pedido de captura».[30]

4
Un provincial entre el pueblo

Francisco en 1973

Desde su exilio en 1955 Perón había desplegado una estrategia de acorralamiento del gobierno militar con todas las herramientas políticas a su alcance. Su ariete principal fueron las organizaciones sindicales. También daba vida al sector dirigente del Partido Justicialista (PJ) y su Rama Femenina. Pero además tejía alianzas con otros partidos, como la Democracia Cristiana, la Unión Cívica Radical y la Unión Cívica Radical Intransigente. Operaba por líneas internas de militares en actividad y en retiro, que eran fuente de permanentes conspiraciones. Y, por supuesto, alentaba a los sectores juveniles del peronismo y a otros grupos combativos. Cada vez resultaba más evidente que un país con el peronismo excluido resultaba inviable.

Buscando una salida, el presidente de facto Alejandro Agustín Lanusse impulsó, en julio de 1971, el llamado Gran

Acuerdo Nacional (GAN), cuya propuesta podría sintetizarse en suspender la proscripción del peronismo, pero excluir a Perón de la posibilidad de ser candidato a presidente. Lanusse convocó elecciones para el 11 de marzo de 1973 y, a fin de obstaculizar la estrategia de Perón, impuso una cláusula que prohibía la participación de todo aquel que no tuviera residencia permanente en el país antes del 25 de agosto de 1972.

Fiel a su concepto estratégico de que «lo mejor es enemigo de lo bueno», el líder aceptó las reglas de juego. Después de dieciocho años, el peronismo podía presentarse a elecciones y su candidatura no debía ser un obstáculo. Para ello, designó la fórmula Héctor Cámpora-Vicente Solano Lima, que resultó triunfante.

El 25 de mayo de 1973, en compañía del presidente chileno, Salvador Allende, y el de Cuba, Osvaldo Dorticós, Cámpora asumió la presidencia en un gran acto popular dominado por la presencia juvenil y los carteles de las Fuerzas Armadas Revolucionarias (FAR) y Montoneros. El gabinete había sido consensuado con Perón en Madrid.

El 8 de junio se firmó el Pacto Social, un acuerdo realizado entre el sindicalismo y el empresariado, cuyo objetivo era establecer un proyecto programático de gobierno orientado al crecimiento económico. Así, se otorgaron aumentos salariales y acuerdos de jubilación; se congelaron los precios de alimentos y medicamentos; se lanzó un plan de viviendas sociales y se nacionalizaron los depósitos bancarios, entre otras medidas.

El 20 de junio Perón regresó definitivamente al país tras casi dos décadas de exilio. Una multitud calculada en más de dos millones de personas acudió a recibirlo con un gran acto en las cercanías del aeropuerto de Ezeiza. La seguridad del palco estaba a cargo de sectores sindicales y de la ortodoxia peronista, pero la capacidad movilizadora de la Tendencia Revolucionaria[31] superaba con creces a las columnas sindicales. Antes de la llegada del avión, cuando una gruesa columna de la Juventud Peronista (JP) intentaba cruzar por detrás del palco, se produjeron enfrentamientos primero con golpes y luego con tiros. El caos y la confusión frustraron la posibilidad de que Perón se presentara en el acto. Hubo doce muertos y más de un centenar de heridos.

En *El Jesuita*, Jorge Bergoglio recordó: «En mi caso, debo admitir que partí de muchas limitaciones para interpretar ciertos hechos. Cuando en 1973 Perón volvió al país y se produjo el tiroteo de Ezeiza, no entendía nada. Tampoco cuando Cámpora renunció a la presidencia. No tenía por entonces información política para entender todo eso».[32]

Efectivamente, el 13 de julio, pasados cincuenta días desde su asunción, Cámpora renunció a la primera magistratura para darle a Perón la posibilidad de asumir la presidencia. Varios relatos históricos han fomentado el mito de las «oscuras conspiraciones» para hacer renunciar a Cámpora, pero se trató de un acto simple y de puro sentido común. Él ocupaba la presidencia únicamente porque la dictadura de Lanusse le había negado esa posibilidad a Perón. Restituido el estado de derecho, había que dejar que el pueblo se expresara en libertad.

«Jamás he sido de derechas»

El 31 de julio de 1973, en medio de este torbellino político, el padre Jorge Bergoglio, de treinta y seis años, fue designado al frente de la Compañía de Jesús. Los sucesos ocurridos en el país también hicieron mella en la Compañía y un movimiento interno había impulsado la renuncia del provincial Ricardo O'Farrell.

El 14 de junio, el provincial y cinco asesores habían organizado un retiro espiritual en La Rioja para decidir la terna de los candidatos a sucederlo. Monseñor Enrique Angelelli ofició de director espiritual del encuentro. A partir de entonces Bergoglio trabó una gran amistad con el obispo riojano.

Según el propio Bergoglio, el sucesor natural de Ricardo O'Farrell era el padre Luis Escribano, pero había muerto hacía pocos días en un accidente de tráfico. Los padres Francisco Zaragozi y Miguel Ángel Fiorito fueron los principales promotores de su candidatura como provincial.

La Compañía contaba por entonces con quince centros de formación, tres universidades, varias residencias y doscientos sacerdotes, que en su mayor parte tenían más años de formación intelectual y experiencia que Jorge. Este es un aspecto importante que se debe recordar, porque en esa «debilidad» de origen se asentaron muchas de las críticas, justas o no, que se le hicieron al futuro Papa. Según Juan

Etulian, quien lo conoció en esa época, «Bergoglio se había encontrado ya con el drama que suelen afrontar algunos sacerdotes: la tensión psíquica y espiritual de quien forja su identidad vocacional tras la imagen del cura pastor y que, en plena juventud, se ve atrapado por conflictos de tipo administrativo y académico».[33]

Él mismo habla sobre este tema en la entrevista con el padre Antonio Spadaro para la revista *La Civiltà Cattolica*:

> Mi gobierno como jesuita, al comienzo, adolecía de muchos defectos. Corrían tiempos difíciles para la Compañía: había desaparecido una generación entera de jesuitas. Eso hizo que yo fuera provincial aún muy joven. Tenía treinta y seis años: una locura. Había que afrontar situaciones difíciles, y yo tomaba mis decisiones de manera brusca y personalista. Eso es verdad, pero debo añadir una cosa: cuando confío algo a una persona, me fío totalmente de ella. Debe cometer un error muy grande para que yo la reprenda. Pero, a pesar de esto, al final la gente se cansa del autoritarismo. Mi forma autoritaria y rápida de tomar decisiones me ha llevado a tener problemas serios y a ser acusado de ultraconservador. Tuve un momento de gran crisis interior estando en Córdoba. No habré sido ciertamente como la Beata Imelda, pero jamás he sido de derechas. Fue mi forma autoritaria de tomar decisiones la que me creó problemas.

El padre Andrés Swinnen, que sucedió a Bergoglio como provincial, dijo en el libro *Aquel Francisco*:

En ese tiempo, después del Concilio, había en la Iglesia un despelote bárbaro; el papa Juan XXIII había abierto la ventana para que entrara aire fresco, como él dijo, pero en lugar de eso algunos aprovecharon para rajarse, para salir corriendo. En la Compañía teníamos curas que se autodestinaban, gente que decía «yo me voy a vivir allá», «yo me voy para aquel lado», y cosas como esas. Hacía falta alguien con carácter, con autoridad para poner las cosas en orden y, en ese sentido, Bergoglio fue un buen provincial.[34]

Sangre de mártires

El 4 de agosto de 1976, monseñor Enrique Angelelli conducía una camioneta de regreso de una misa celebrada en la ciudad riojana de Chamical en homenaje a los sacerdotes Carlos de Dios Murias y Gabriel Longueville y del laico Wenceslao Pedernera, asesinados días antes. Viajaba con él el padre Arturo Pinto. De pronto, un automóvil Peugeot 404 comenzó a seguirlos. En el paraje denominado Punta de los Llanos el vehículo encerró a la camioneta hasta hacerla volcar. Después de permanecer inconsciente durante un tiempo, el padre Pinto vio a Angelelli muerto en la carretera con lesiones graves en la parte posterior del cuello.

Tres décadas más tarde, el 4 de agosto de 2006, en La Rioja, durante la misa celebrada en su memoria, Jorge Bergoglio recordó su vínculo de afecto con monseñor Angelelli:

Por primera vez llegué a La Rioja un día histórico, el 13 de junio de 1973, el día de la pedrada de Anillaco. Los responsables habían sido un grupo de terratenientes.

Veníamos cinco consultores de provincia con el provincial para tener acá varios días de retiro y reflexión a fin de elegir el nuevo provincial. El 14 de junio, después de esa pedrada al obispo, a los sacerdotes, a las religiosas, a los agentes de pastoral, monseñor Angelelli nos dio el retiro espiritual a nosotros, al provincial y a los cinco jesuitas, y nos introdujo en el discernimiento del Espíritu para ver cuál era la voluntad de Dios. Fueron días inolvidables, en que recibimos la sabiduría de un pastor que dialogaba con su pueblo, y escuchamos también las confidencias de las pedradas que recibía ese pueblo y ese pastor, simplemente, por seguir el Evangelio.

Me encontré con una Iglesia perseguida por entero, pueblo y pastor. Dos meses después, el 15 de agosto de 1973, siendo ya provincial, vine con el padre Pedro Arrupe, general de la Compañía. El padre Arrupe había quedado impresionado por la paliza que le habían dado al padre Pucheta en San José el año anterior, cerca de Famatina, y preguntaba por La Rioja. Como venía a hacer la visita canónica a la Argentina, una visita de inspección que hacen los padres generales a la congregación, quedamos en que vendría un día a La Rioja. Llegamos desde Córdoba en avioneta y ahí vi otra cosa: íbamos el padre Arrupe y yo con el padre Di Nillo, y cuando la avioneta llegó a la cabecera de la pista para dirigirse a la central del aeropuerto el piloto recibió un llamado para que se quedara ahí.

El obispo vino a buscarnos en un auto y dijo que nos fuéramos, porque los que hacía dos meses habían realizado la pedrada de la Costa estaban esperando para abuchear al general de la Compañía de Jesús, que había llegado a visitar a sus jesuitas y, obviamente, para estar con el obispo, con el pastor y con su pueblo. [...] Angelelli era un enamorado de su pueblo que lo acompañaba en el camino hasta las periferias, las geográficas y las existenciales. Recordemos el cariño con que acariciaba a los ancianos, con que buscaba a los pobres y a los enfermos, con el que clamaba por la justicia. Así caminaba con su pueblo hasta las periferias. ¿Se dan cuenta qué diálogo había acá entre la Iglesia y su pastor, que también era Iglesia? Este es el diálogo entre el pastor y su pueblo que yo conocí acá en La Rioja, un diálogo que cada vez fue más perseguido, una Iglesia que fue perseguida, que se fue haciendo sangre, que se llamó Wenceslao, Gabriel, Carlos, testigos de la fe que predicaban y que dieron su sangre para la Iglesia, para el pueblo de Dios por la predicación del Evangelio y finalmente se hizo sangre en su pastor. Fue testigo de la fe derramando su sangre.

Pienso que ese día alguno se habrá puesto contento. Creyó que era su triunfo, pero fue la derrota de los adversarios. Uno de los primeros cristianos tenía una frase linda, «sangre de mártires, semilla de cristianos», sangre de estos hombres que dieron su vida por la predicación del Evangelio es triunfo verdadero y hoy clama por vida, por vida esta Iglesia riojana que hoy es depositaria.[35]

El 4 de julio de 2014, Luis Fernando Estrella y Luciano Benjamín Menéndez fueron condenados a cadena perpetua por el crimen de Enrique Angelelli. Pocas semanas antes de la sentencia, la investigación judicial había recibido un impulso imprevisto de la Santa Sede, cuando el papa Francisco remitió dos documentos, hasta entonces secretos, que resultaron una aportación significativa a la causa.

Un intento de redireccionar la utopía

El 28 de febrero de 2014, en su discurso a los miembros de la Pontificia Comisión para América Latina, el papa Francisco expresó:

> Otra cosa que es importante transmitir a la juventud, a los chicos también pero sobre todo a la juventud, es el buen manejo de la utopía. Nosotros en América Latina hemos tenido la experiencia de un manejo no del todo equilibrado de la utopía, y en algunos lugares, no en todos, en algún momento nos desbordó. Al menos en el caso de Argentina, podemos decir cuántos muchachos de la Acción Católica, por una mala educación de la utopía, terminaron en la guerrilla de los años setenta. Saber manejarla, saber conducir —manejar es una mala palabra— y ayudar a crecer la utopía de un joven, es una riqueza. Un joven sin utopías es un viejo adelantado, alguien que envejeció antes de tiempo. ¿Cómo hago para que esta ilusión que tiene el chico, esta utopía, lo lleve al encuentro con Jesucristo? Es un paso que hay que ir haciendo. [...] Me atrevo a sugerir lo siguiente: en un joven, una utopía crece bien si está acompañada de memoria y de discernimiento. La utopía mira al futuro, la memoria mira al pasado, y el presente se discierne. El joven tiene que recibir la memoria y plantar, arraigar su utopía en esa memoria. Discernir en el presente su utopía, los signos de los tiempos, y ahí sí la utopía va adelante pero muy arraigada en la memoria, en la historia que ha recibido [...]. De ahí la insistencia —que por ahí me escuchan— del encuentro de los viejos y los jóvenes. El ícono de la presentación de Jesús en el Templo. El encuentro de los jóvenes con los abuelos es clave. [...] Memoria del pasado, discernimiento del presente,

utopía del futuro; en ese esquema va creciendo la fe de un joven.

En Argentina, la violencia insurreccional y la lucha armada tuvieron tres etapas muy definidas. La primera, conocida como Resistencia peronista, se inició con el golpe militar de 1955, que desalojó y proscribió al peronismo durante dieciocho años. Comenzó como una respuesta de los sectores más humildes con actos de sabotaje y explosivos llamados «caños», y duró aproximadamente hasta los años 1963-1964. La segunda etapa se inició en la dictadura de Juan Carlos Onganía a partir de 1966 y duró hasta 1973. Fue la etapa de las insurrecciones obrero-estudiantiles como el Rosariazo y Cordobazo y el nacimiento de las organizaciones guerrilleras.

Hasta 1973, bajo la dictadura militar y con la actividad política bloqueada, las nacientes guerrillas apoyadas por Perón despertaron la simpatía popular, aunque su composición fue, mayoritariamente, de jóvenes provenientes de sectores medios y universitarios. Dentro de ese marco, muchos sacerdotes tercermundistas apoyaron y alentaron la participación de los jóvenes católicos en estas organizaciones.

Pero cuando en 1973 se levantó la proscripción del peronismo y este ganó las elecciones con la fórmula Cámpora-Solano Lima, se abriría la tercera etapa. El pueblo eligió libremente, Perón retornó al país y meses después fue elegido presidente. La violencia había perdido su sentido original, que era confrontar a la dictadura militar, y parecía que llegaba el tiempo de la política. Pero, empujados por una inercia de la acción directa, muchos continuaron haciendo tronar las armas.

En ese momento, un sector de sacerdotes y laicos militantes que pudieron ver con claridad lo que se avecinaba se lanzaron a intentar un cambio de rumbo de la historia. Entre ellos destacaron dos, no por haber sido los únicos, sino porque fueron referentes muy importantes para muchísimos jóvenes militantes de la época: Carlos Mugica y Jorge Galli.

El padre Carlos Mugica fue una reconocida figura pública. En cambio, el padre Jorge Galli, por su bajo perfil y las normas de clandestinidad de la época, no habría de integrar nunca los libros de historia. Ambos compartieron un sentimiento y una acción común: la lealtad a Perón y el intento de modificar el rumbo tomado por la juventud montonera.

Por su origen y su perfil, las imágenes de Galli y Mugica eran casi contrapuestas. Mugica pertenecía a una familia de clase alta y antiperonista. Su evolución intelectual lo llevó al tercermundismo y, de allí, al peronismo. Galli, en cambio, provenía de una familia muy pobre y abrazó el peronismo desde la cuna. Antes de entrar en el Seminario de Villa Devoto trabajaba de albañil, oficio que nunca abandonó. Según sus palabras, él no fue un «cura obrero», sino un «obrero que se hizo cura», y no fue «un cura que se hizo peronista», sino «un peronista que se hizo cura». Galli no necesitaba acercarse a los pobres, él era pobre de nacimiento y su vida transcurría en un rancho de Villa Pulmón, en la ciudad de San Nicolás, provincia de Buenos Aires.

Carlos nunca se encuadró en Montoneros. Su frase era «estoy dispuesto a morir por el pueblo, pero no a matar». En cambio Jorge estaba armado y, como cuadro combatiente, comandaba la columna José Gervasio Artigas de Montoneros en la zona norte de la provincia de Buenos Aires.

Hermano mayor

El padre Rolando Concatti, que convivió con Mugica en París entre 1967 y 1968, recordó los primeros posicionamientos políticos del sacerdote respecto de Montoneros:

> Cuando surgió Montoneros, varios estuvieron muy entusiasmados por el origen católico de casi todos sus líderes. Otros teníamos desconfianza casi por las mismas razones; sabíamos que aquellos jóvenes iluminados venían de un ala más bien extremista y maniquea, de poco diálogo, tan generosa como romántica. Ya nos había traído problemas en los movimientos de secundarios y sobre todo universitarios. En muy poco tiempo, Carlos Mugica pasó a ser una especie de «hermano mayor» de aquellos jóvenes, en parte su vocero. Su entusiasmo y su carisma ayudaban al papel de figura referente. A mediados de 1973, Mugica estaba muy decepcionado con los Montoneros y preocupado por el curso de los acontecimientos en la Argentina. Le preocupaba mucho el autoritarismo piramidal de la conducción, en particular cuando a él mismo dejaron de escucharlo. Sentía muy fuerte el peso de haber sido «elegido» por los medios como figura y referente, además de las manipulaciones permanentes. Esas preocupaciones lo llevaron a un manifiesto retorno a lo ecle-

siástico. Repitió ejercicios espirituales, se enroló con formas de la «pastoral popular» y sus expresiones religiosas, buscando privilegiar un basismo católico popular y masivo.[36]

El 7 de septiembre de 1973 el padre Mugica ofició una misa en la Capilla Cristo Obrero de la Villa 31, Retiro, en conmemoración de la muerte de Fernando Abal Medina y Carlos Ramus y «de todos los caídos por la liberación nacional». Con el fondo de una bandera de Montoneros que le habían colgado, expresó:

> En este momento en que nuestro pueblo lleno de esperanza se prepara a elegir a su presidente natural, el general Perón, después de dieciocho años de lucha, torturas, cárcel y muertes heroicas, es importante que cada uno de nosotros haga carne en su vida el mensaje de Cristo. Este es el tiempo de dejar las armas y tomar los arados, como dice la Biblia. Por eso, hechos como el de ayer [en referencia a la toma del Comando de Sanidad por el ERP][37] resultan una provocación. Es en el trabajo solidario de todos, peronistas o no, que haremos la Patria Grande, de la que la Argentina será el eje liberador.

Sus diferencias con el rumbo adoptado por Montoneros alcanzaron un punto de no retorno con el asesinato del dirigente sindical José Ignacio Rucci, el 25 de septiembre de 1973.[38]

«Carlos tomó una decisión valiente: enfrentar a las cúpulas guerrilleras, en particular a los montoneros, intentando convencer de que el camino elegido no tenía salida y solo perjudicaría a los militantes y a los sectores populares», reflexiona Concatti.

En diciembre de 1973, Perón se reunió a solas con el padre Jorge Galli. El interés del general era tratar de persuadir a los dirigentes montoneros de que cesaran de actuar violentamente. Pronto, las diferencias se convirtieron en rebelión contra la dirección.

El domingo 3 de febrero de 1974 se realizó en Baradero un congreso de la JP-Montoneros cuya conclusión fue «desconocer a la conducción nacional de Montoneros y reafirmar lealtad al general Perón». Este fue el detonante o puntapié inicial de las disidencias en distintas partes del país. El padre Jorge Galli, Patricio Jeanmaire, Eduardo Moreno y Pepe Ledesma emprendieron un vertiginoso recorrido por ciudades y provincias sumando adhesiones a la fractura, tratando de rescatar a la mayor cantidad posible de militantes. Unos días después, salió una declaración de montoneros-soldados de Perón, con las firmas de todas las columnas adherentes expresándose en el mismo sentido. Entre el 30 y el 40 por cierto de los militantes veteranos (anteriores a 1973) se fueron con el sector La Lealtad, y muchos otros lo hicieron de forma individual.

El padre Galli y los principales dirigentes de la rebelión fueron condenados a muerte por la dirección de Montoneros, condenas que no se llevaron a cabo y que mutaron en amenazas, días de «prisión» y condenas a exilios internos y externos.

Dos meses después, el 11 mayo de 1974, Carlos Mugica fue asesinado cuando salía de dar misa en la iglesia de San Francisco Solano. Como nadie reivindicó el crimen, al principio hubo muchas dudas respecto de sus autores. Hoy la percepción generalizada es que las balas provinieron de algún grupo de extrema derecha.

Mugica era seis años mayor que Bergoglio y, aunque no eran amigos, mantuvieron un trato cordial de respeto mutuo. En octubre de 1999 el entonces arzobispo Bergoglio encabezaría el traslado de sus restos desde el cementerio de Recoleta hasta la parroquia Cristo Obrero, donde todavía descansan.

Aunque tal vez de forma tardía, los sacerdotes Mugica, Galli, Bresci, Ricciardelli, Vernazza, Carbone, Concatti y muchos más intentaron, entre 1973 y 1974, contener el desbordamiento y reorientar la dirección de la utopía. Para la mayoría de quienes los escucharon, ese paso fue la diferencia entre la vida y la muerte.

En esos mismos momentos Jorge Bergoglio asumía su nombramiento como provincial de los jesuitas y, por supuesto, su pensamiento estaba del lado de quienes consideraban una locura ejercer la violencia contra un gobierno popular plebiscitado por el 62 por ciento de los votos. Si bien su preocupación fundamental no era la política, sino la compleja administración de la Compañía de Jesús, en estos temas tenía posición tomada. Esas discusiones se daban con la misma intensidad y virulencia dentro de la Compañía. Al igual que en otros ámbitos religiosos, había sacerdotes que mantenían simpatías y contactos con los grupos armados, y Jorge tenía directivas claras de llamar a la reflexión a los confundidos y poner límites a los díscolos. Cada vez más, lo que se ponía en juego era la vida de sus seminaristas y sacerdotes.

Bergoglio conocía a muchos jóvenes involucrados en la

guerrilla. En su paso por el Colegio de la Inmaculada Concepción, de Santa Fe, había sido maestro de varios futuros cuadros montoneros, entre ellos los hermanos Molinas Benuzzi, Juan Carlos Soratti, Carlos Laluff y Juan Carlos Costa. Solía conversar mucho con el padre Jorge Adur (que en 1978 sería nombrado capellán del Ejército Montonero) y discutía duramente con el seminarista jesuita Ignacio Bertrán, oficial primero de esa organización.

Ya en 1974, las relaciones entre quienes apoyaban a la guerrilla y quienes la cuestionaban eran extremadamente tensas. Lo muestran las duras críticas que recibía Carlos Mugica desde Montoneros, y todas las fricciones creadas por las amenazas y condenas hacia quienes abandonaban la organización, amenazas que también provenían de la ultraderechista Alianza Anticomunista Argentina (AAA). La extrema polarización política, que se agudizó en 1975, dejó literalmente entre dos fuegos a aquellos sacerdotes y laicos que, como Carlos Mugica y Jorge Bergoglio (en distintos planos), compartían ideas populares y progresistas pero se oponían fuertemente al uso de la violencia.

Como un pastor

«Yo era un joven comprometido con los más necesitados del barrio.» El jesuita Julio Merediz es párroco en un barrio humilde de San Miguel, situado casi en el límite con Moreno, muy cerca del Colegio Máximo. Compartió con el papa Francisco el aprecio por la religiosidad popular, como quedó asentado en el documento de Aparecida, de la V Conferencia General del Episcopado Latinoamericano y del Caribe de 2007.

Su esfuerzo se vio recompensado el 16 de octubre de 2016 cuando su amigo Francisco canonizó a José Gabriel del Rosario Brochero, apodado el Cura Gaucho. Pero además de Brochero, a Julio Merediz lo une otra historia con Jorge Bergoglio.

Julio llegó al Colegio Máximo de San Miguel en 1973, casi al mismo tiempo que Bergoglio era elegido provincial de la orden. Ellos ya se conocían y eran amigos desde 1967: «Un día Bergoglio vino a verme para decirme que tenía noticias de que mi nombre aparecía en una lista de la Fuerza Aérea, que acababa de apoderarse de nuestro Observatorio Astronómico. En cualquier momento vendrían a buscarme. Me ordenó que me trasladara a la casa de retiros Villa San Ignacio en San Miguel y me ocultara allí por un tiempo. Si no hubiese sido por su advertencia, seguramente habría caído en alguna redada. Jorge se comportó conmigo, al igual que con muchos otros, como un pastor: no quería que nos arriesgáramos. Canalizó nuestros compromisos juveniles en actividades menos peligrosas, para que no nos expusiéramos».[39]

5
El cuidado de la casa común

Una doctrina social

> No somos Dios. La Tierra nos precede y nos ha sido dada.
>
> *Laudato si'*, 67

Cuando el 1 de mayo de 1974 el presidente Perón inauguró las sesiones del Congreso Nacional en su flamante tercer mandato, anunció que propondría a la consideración del país un Modelo Argentino para el Proyecto Nacional:

> El primer objetivo del Modelo Argentino consiste en ofrecer un amplio ámbito de coincidencias para que los argentinos clausuremos la discusión acerca de aquellos aspectos sobre los cuales ya deberíamos estar de acuerdo. […] O profundizamos las coincidencias para emprender la formidable empresa de clarificar y edificar una gran nación o continuamos paralizados en una absurda intolerancia que nos conducirá a una definitiva frustración. […] Los sectarismos no nos conducirán jamás a la liberación. Este modelo no es una construcción intelectual surgida de minorías, sino una sistematización orgánica de ideas básicas desarrolladas a lo largo de treinta años. […] La creación ha nacido del pueblo.

Este concepto enlazaba con la génesis de la Teología del Pueblo.

Perón tenía claro que para poder avanzar hacia los tres claros objetivos de su doctrina —justicia social, independencia económica y soberanía política— ya no bastaba con el peronismo y sus aliados. Debía buscar un arco de consenso mucho más amplio, que dejase fuera solamente a las minorías privilegiadas. Para ello se propuso elaborar un conjunto de propuestas básicas que pudiesen ser enriquecidas y adoptadas por gran parte de los sectores políticos y sociales. Grandes líneas que fueran permanentes más allá de los vaivenes electorales de la democracia.

En su discurso de presentación convocó a los partidos políticos, los trabajadores, los intelectuales, los empresarios y la Iglesia: «Hay una cabal coincidencia entre la concepción de la Iglesia, nuestra visión del mundo y nuestro planteo de justicia social, por cuanto nos basamos en una misma ética, en una misma moral e igual prédica por la paz y el amor entre los hombres». Sin embargo, la muerte lo sorprendió antes de que pudiera dar a conocer el documento a los argentinos.

En febrero de 1976, una pequeña editorial perteneciente a exmilitantes de Guardia de Hierro lo publicó por primera vez en forma de libro. En 2005 la Biblioteca del Congreso, con la dirección del profesor Oscar Castellucci, lo reeditó corregido y ampliado.

Armando Puente, en su biografía de Francisco, afirma: «El coronel Damasco[40] se rodeó de una docena de intelectuales y expertos para que le ayudaran en el Proyecto del

Modelo Nacional. Una de las personas a las que solicitó colaboración fue Jorge Bergoglio».[41] Por su parte Austen Ivereigh reitera la cita de Puente. Horacio Verbitsky, en *Vida de perro*, afirma: «Yo sé que Bergoglio fue uno de los redactores del famoso Proyecto Nacional del coronel Damasco que Perón firmó días antes de morir».[42]

Para el común de los lectores, el tema pasó inadvertido. Pero para quienes militan en el peronismo y leyeron el Modelo Argentino para el Proyecto Nacional, descubrir que el hoy papa Francisco escribió algunas páginas de ese borrador es un hecho de gran trascendencia.

Oscar Castellucci, que además de ser responsable de la última edición del Modelo Argentino realizó una exhaustiva investigación sobre quienes trabajaron con el coronel Damasco, sostuvo que nunca había oído el nombre de Jorge Bergoglio vinculado al Modelo Argentino. Castellucci explicó que la mecánica de escritura consistía en una serie de largas charlas de Perón, que Damasco transcribía, y luego realizaba un ida y vuelta con el grupo de especialistas convocados. Entre los principales colaboradores de Damasco mencionó a Ángel Fortunato Monti y Cataldo Ricardo Grispino.

Los investigadores Carlos Fernández Pardo y Leopoldo Frenkel mencionan[43] entre los convocados otros nombres diferentes. Castellucci supone que pudieron existir dos grupos de trabajo distintos. Sin embargo, nadie nombró a Bergoglio ni a ningún otro sacerdote. Entonces, ¿de dónde había sacado Armando Puente que el coronel Damasco «a una de las personas a las que solicitó colaboración había sido Jorge Bergoglio»? Ocurre que Puente, Castellucci, Fernández Pardo y Frenkel están en lo cierto.

Un amigo muy cercano al papa Francisco, que conocía bien la historia, nos develó el misterio.

Jorge Bergoglio conoció al coronel Damasco por medio de un amigo en común, el doctor Jorge Di Iorio. En una ocasión, Damasco se presentó ante Bergoglio con una carpeta que contenía una serie de gráficos (muy al estilo militar) y lo invitaba a participar en un trabajo que estaban preparando para el general Perón. Jorge agradeció la invitación, pero declinó participar. Quiere decir que es cierto que fue convocado a participar en su redacción, pero, finalmente, esa participación no se concretó. Sin embargo, muchas de las ideas expresadas en el Modelo Argentino se reiteran años después en los escritos de Francisco, por ejemplo la del cuidado de la Casa Común.

Pensar el mundo y sus problemas

El 20 de enero de 1974, el diario *La Opinión* publicó un extenso reportaje dedicado a Perón, realizado por el periodista Henry Raymont. Allí, el líder dijo:

> Pienso que recién se ha iniciado en el mundo una crisis. Crisis que responde a los graves errores cometidos en el mundo tecnológico del siglo XX. Han destruido la tierra; la están convirtiendo en basurales; en cloacas los ríos; no hay agua potable; el oxígeno también se va enrareciendo porque han cubierto el mar, que es liberador de oxígeno, con una

capa de aceite, y han destruido los bosques. Eso no se puede hacer impunemente. Ahora tenemos tres mil quinientos millones de habitantes, la mitad está hambrienta. Las zonas de producción se han reducido enormemente. [...] Lo primero que hay que hacer es llegar a un acuerdo universal para la preservación ecológica de la tierra. Si no hacemos eso, seguiremos destruyendo.

Cuarenta años después, el papa Francisco dedicó una encíclica completa al problema del medio ambiente, *Laudato si'. Sobre el cuidado de la Casa Común*. Comenzó recordando un cántico de san Francisco de Asís: «Alabado seas, mi Señor, por la hermana nuestra Madre Tierra, la cual nos sustenta y gobierna y produce diversos frutos con coloridas flores y hierba». Y continúa:

> Esta hermana clama por el daño que le provocamos a causa del uso irresponsable y del abuso de los bienes que Dios ha puesto en ella. Se producen cientos de millones de toneladas de residuos al año, muchos de ellos no biodegradables. [...] La tierra, nuestra casa, parece convertirse cada vez más en un inmenso depósito de porquerías. Un problema particularmente serio es el de la calidad de agua disponible para los pobres, que provoca muchas muertes todos los días. [...] Urge llegar a acuerdos internacionales que se cumplan, dada la fragilidad de las instancias locales para intervenir de modo eficaz.

La encíclica tiene una particularidad: pone énfasis en señalar que los primeros perjudicados por los desastres ambientales son los pobres. Perón, al anunciar el Modelo Argentino, dedicó un capítulo al «ámbito ecológico» y también lo vinculó con la necesidad de abordarlo en el marco de resolver la desigualdad que genera pobreza.

Son coincidencias entre el Perón de 1973 y el Francisco de 2015 que no tienen que ver con lo político partidario, sino con pensar el mundo y sus problemas desde las periferias geográficas y sociales.

«No soy peronista»

Para explicar su vínculo con el peronismo, tal vez sirva recurrir a una anécdota que el propio Francisco cuenta:

> Perón quería usar los elementos de la Doctrina Social de la Iglesia e incorporó muchos de ellos a sus libros y sus planteos. Uno de los hombres que le proveyó esos elementos fue el obispo de Resistencia, monseñor Nicolás De Carlo. […] A De Carlo se lo acusaba de estar muy metido en la nueva política. […] Hay una anécdota muy interesante. En una de esas visitas a Resistencia, Perón le dijo a la gente que lo escuchaba que quería aclarar una calumnia: «Dicen que De Carlo es peronista. No es verdad. Perón es decarlista».

En algunas ocasiones, cuando se le preguntó a Jorge Bergoglio si era peronista, usó la misma salida: «Yo no soy peronista, pasa que el peronismo tomó la Doctrina Social de la Iglesia».

Hoy, el papa Francisco tiene dimensión universal, y se lo empequeñece si se pretende encasillarlo políticamente.

Es indudable que existen muchas afinidades entre el pensamiento de Francisco y la doctrina peronista, que abreva en la Doctrina Social de la Iglesia. Si viviera, probablemente Perón repetiría la misma frase: «Francisco no es peronista. Perón es francisquista».

Creer en el infierno

«Bergoglio conocía mis trabajos. No puedo decir que estuviera de acuerdo, pero sin duda los aprobaba. Tan es así que en la época de los militares, cuando escribía sobre Teología de la Liberación, él los leía. Y cuando los obispos le preguntaban sobre mí, me defendía diciendo que mis posiciones eran eclesiales.»

Juan Carlos Scannone, teólogo del Colegio Máximo, siempre se sintió apoyado por Bergoglio cuando era su superior. Es más, Bergoglio lo animaba para que siguiera publicando: «Cuando las revistas internacionales me pedían que colaborara, por ejemplo *Christus*, de México, o *Concilium*, sobre la relación teoría-praxis en la Teología de la Liberación, él me animaba a aceptar, y me aconsejaba no despachar el artículo desde la oficina de correos de San Miguel, sino desde el correo del centro de Buenos Aires para evitar la censura, a la cual pensaba que podía estar sometido aquí».

El padre Scannone sabía que los militares de la dictadura lo estaban vigilando, por eso Bergoglio le aconsejaba que fuera prudente. «Me decía que no me moviera nunca solo por el barrio, porque si me secuestraban tenía que haber testigos para poder intervenir. En ese tiempo frecuentaba un barrio que se llama La Manuelita; allí también vivían los asuncionistas que estudiaban en el colegio jesuita.»

Otro de los casos que Scannone no puede olvidar es el secuestro de uno de sus alumnos, Roberto Albanesi: «El joven no tenía nada que ver con la guerrilla, pero había visto la cara de uno de sus torturadores y esto lo condenaba a muerte. Alguien de su familia le llevó el caso al provincial. Bergoglio se fue a hablar con el responsable de la unidad donde se encontraba y le dijo que matar a una persona era un pecado gravísimo. "Si cree en el infierno —le dijo—, sepa que ese pecado condena al infierno." Y le salvó la vida».[44]

6
Fortaleza en San Miguel

Los meses previos al golpe de Estado

> En medio de las armas, las leyes enmudecen.
>
> CICERÓN

Perón tenía setenta y siete años cuando regresó a Argentina, y estaba convencido de que si Dios le había permitido hacerlo, también le permitiría completar su misión. El 23 de septiembre de 1973 se realizaron las elecciones presidenciales tras las renuncias del presidente Cámpora y el vicepresidente Solano Lima. Perón estuvo muy cerca de invitar a Ricardo Balbín, referente de la Unión Cívica Radical, para que lo acompañara como vicepresidente, pero ambos partidos lo impidieron. Entonces optó por alguien que no estuviera asociado a ningún sector interno: su esposa, María Estela Martínez, Isabelita. Así surgió la fórmula Perón-Perón, que vencería con el 62 por ciento de los votos. Sin embargo, el destino hizo trampa y el 1 de julio de 1974 Perón murió.

¿Cuál era, realmente, la expectativa de gobernabilidad que podía generar Isabel en un gobierno tironeado por violentas reacciones que al propio Perón le había costado mucho controlar? Su apariencia débil, su escasa experiencia política y su condición de mujer en la machista sociedad de los años setenta no la ayudaban. Y si bien para ese momento el Pacto Social, ideado por Perón y ejecutado por el entonces ministro de Economía José Ber Gelbard, había dado frutos, comenzaban a insinuarse las primeras dificultades económicas. Los sectores empresariales realizaban aumentos encubiertos de precios y maniobras de acaparamiento y mercado negro. La Confederación General del Trabajo (CGT), que era garante del pacto, estaba hostigada por segmentos combativos, que obtenían aumentos por encima de la pauta oficial. El incremento del precio del petróleo y la presión sobre el dólar completaban el cuadro.

Muerto Perón, las fuerzas de la reacción, aconsejadas por el Departamento de Estado estadounidense, estaban en condiciones de clausurar lo que para ellos era una «peligrosa experiencia populista».

La violencia fuera de control

El gobierno de Isabel estuvo marcado por la violencia ejercida tanto por la guerrilla como por las bandas paraestatales de la Triple A. Cabe aclarar que no existió una organización única llamada así. Bajo ese nombre se realizaron una docena de asesinatos de alto impacto entre agosto y septiembre de 1974 y lo impusieron como símbolo del terror. Y luego fue organizándose una especie de «federación de bandas de derecha», integrada por grupos fascistas, policías y matones sindicales. Se cree que, en la mayoría de los casos, sectores de Inteligencia del Ejército y la Marina dictaban la «doctrina de guerra» y proveían armas y explosivos.

Su primer objetivo fue atacar la zona intermedia o «blanda», aquella de contacto entre la población civil y los grupos armados, sectores de la población en los que la guerrilla despertaba cierta «simpatía» y podían brindarle algún tipo de apoyo. El segundo objetivo era profundizar el estado de conmoción y caos que se vivía a fin de que aumentase el descontento sobre el gobierno civil y esto motorizara el regreso de los militares para «imponer orden». Tan clara fue la estrategia que el día después del golpe las acciones de la Triple A finalizaron.

Los jesuitas en la mira

«Universidad Jesuítica del Salvador: caldo de cultivo de gran cantidad de bolcheviques. ¿No es eso sinarquía pura?» Así rezaba el epígrafe de una fotografía sobre la Compañía de Jesús aparecida en el número 31 de la revista *El Caudillo*. Esta publicación nació en noviembre de 1973 y, según la investigación del periodista Adrián Murano, tenía como misión «difundir la doctrina ideológica que alentaba a las patotas parapoliciales de la Triple A, disparar palabras inflamables en un país regado de pólvora, celebrar la muerte del enemigo y, en ocasiones, marcar a futuras víctimas».[45] En sus páginas se expresaban la Juventud Peronista de la República Argentina (JPRA, vinculada a José López Rega), la Concentración Nacional Universitaria (CNU), la Alianza Libertadora Nacionalista y, algunas veces, grupos de la Juventud Sindical Peronista (JSP). Se financiaba con avisos del Ministerio de Bienestar Social y su lema editorial era una abierta declaración de guerra: «El mejor enemigo es el enemigo muerto».

Una característica de *El Caudillo* es que no tenía ningún artículo firmado excepto el editorial, de Felipe Romeo, su director periodístico. Lo cierto es que varios de los señalados dentro de sus páginas terminarían asesinados. Para cualquier persona, figurar allí acusada de «zurda» o de «infiltrada» era motivo suficiente para esconderse o huir del país.

El número 31, de junio de 1974, titulaba en gran tamaño: «Para conocer al enemigo. Un estudio sobre la Sinarquía. Primera nota».[46] Después de una larga explicación sobre las cinco internacionales sinárquicas, el artículo concluía: «La sinarquía es la concentración de poderes aparentemente contrapuestos pero que en el fondo están manejados desde una misma central. Estas distintas internacionales están dinamizadas e intercomunicadas entre sí por la Compañía de Jesús».

En el número siguiente podía leerse la segunda parte, también titulada «Para conocer al enemigo». Avanzando en el artículo, se hablaba del padre Pedro Arrupe y de Fidel Castro, a quien se calificaba como «una criatura jesuítica», y se mencionaba a Enrique Angelelli como «el incalificable». Finalmente, se refería al libro *La Compañía de Jesús contra la Iglesia y el Estado*, de Carlos Disandro y Jorge Street. Vale aclarar que Disandro era el principal ideólogo de la CNU, cuyos dirigentes serían luego condenados por crímenes de la Triple A.

En el número 60, de enero de 1975, la nota titulada «La subversión clerical» redoblaba la apuesta, ya que las acusaciones a sacerdotes eran con nombre y apellido. Reproducía un texto publicado en una revista de la CNU que decía ser una carta a monseñor Juan Carlos Aramburu firmada por «veinte matrimonios católicos». Comenzaba pidiendo que se investigara al prior franciscano Luis Santiago por el asesinato del hermano Eugenio y acusaba al «célebre dominico guerrillero José Comblin». Luego decía que los padres José Luis Toracca, Juan Carlos Scannone, Lucio Gera, Jorge Vernazza y Manuel Virasoro estaban vinculados al periodista Mario Herrera, relacionado con el ERP: «El Departamento de Teología de la Universidad del Salvador organiza campamentos de preparación de guerrilleros donde van los padres Constable, Luzzi, Casabuena, Petty, etc. Los padres nombrados anteriormente están en contacto con Firmenich y Vaca Narvaja». Afirmaba que el padre estadounidense George Haas, rector de la Universidad Jesuita de Salta, estaba en contacto con Salvador Allende en Chile y con el grupo Scannone-Haidar y finalizaba sosteniendo que «la subversión clerical es la más peligrosa de todas las formas de subversión».

En ese momento, ningún tipo de amenaza, por más disfrazada de noticia periodística que estuviera, podía ser tomada a la ligera. Mucho menos aquellas que venían con la firma de la CNU, un grupo que, en enero de 1975, ya había cometido más de veinte asesinatos en La Plata y alrededores.

Lo prioritario: sobrevivir

Las notas en *El Caudillo* representaban un formato de amenaza nada sutil de los grupos de ultraderecha identificados con el proceder de la Triple A. Y si bien no aparecía el nombre de Jorge Bergoglio, algunos de los padres mencionados —como Juan Carlos Scannone, Jacinto Luzzi y Lucio Gera— formaban parte de sus vínculos más cercanos.

El padre Arrupe había pedido al nuevo provincial Bergoglio que se ocupara de cuidar a los miembros de la Compañía. La palabra «cuidar» abarca aspectos muy distintos: espiritual, psicológico, laboral, etc. Pero cuando la frase está dirigida a «cuidar que no los maten», cobra una dimensión dramática para la cual casi nadie está preparado. Seguramente, verse ante tamaña responsabilidad («cuidar la vida de los jesuitas a su cargo») no se hallaba entre los cálculos de Jorge Bergoglio. Pero tuvo que asumirla y actuar en consecuencia. Muchas veces lo hizo con gran tacto y sabiduría, y otras... como pudo. Claro que no todos los «protegidos» lo sintieron así. Algunos tomaron sus decisiones como una indebida intromisión en su forma de pensar y actuar, e interpretaron las medidas de protección como una sanción.

En *Yo, argentino*, Armando Puente señaló: «Bergoglio consideró que eran tiempos en los que lo prioritario era sobrevivir y evitar que los paramilitares asesinaran jesuitas o pusieran bombas en sus centros. A partir de entonces, dejaron de celebrarse las Jornadas Interdisciplinarias y de publicarse el boletín del Centro de Investigación y Acción

Social (CIAS), que para los grupos de ultraderecha y los militares eran "nidos de zurdos"».[47]

Entre las medidas que tomó Bergoglio se encontraba clausurar las experiencias de comunidades de base, haciendo que los sacerdotes regresaran a vivir en las residencias jesuíticas. De ese modo, el Colegio Máximo, en San Miguel, fue una suerte de fortaleza donde resguardar a los miembros de la orden.

A algunos jesuitas los envió al interior profundo, donde estarían más seguros. A otros, directamente los sacó del país. Manejó la situación dentro de sus posibilidades, aun a costa de algunos disconformes o enojados. Pero gracias a su intervención la Compañía de Jesús llegó al retorno de la democracia en 1983 sin ningún muerto ni desaparecido. Quizá el cincuenta por ciento de esa realidad pueda asignarse a la suerte, pero es indudable que el otro cincuenta por ciento se debe a la actuación de Jorge Bergoglio.

Él no habla sobre estos temas. Pero algunos de aquellos a los que ayudó, sí han comenzado a hacerlo.

«La cosa no era broma»

El sacerdote jesuita español José Luis Caravias, nacido en Andalucía, siempre vivió en estado de compromiso con los pobres. A fines de los años sesenta comenzó a trabajar con las ligas agrarias en Paraguay para organizar a los campesinos en cooperativas:

Un día me alzaron en una camioneta policial y me arrojaron en el pueblo argentino de Clorinda. Nunca podré olvidar la fecha, fue el 5 de mayo de 1972. De ahí fui a trabajar en los obrajes de la provincia del Chaco, donde formamos un sindicato de hacheros, gente muy explotada, muy maltratada. Pero fui corrido con amenazas de muerte. En 1974 llegué a la provincia de Buenos Aires. Vivía en el Colegio Máximo de San Miguel y, como hablaba bien el guaraní, trabajaba en la villa con los paraguayos. Eran los años de Isabelita y el superpoderoso José López Rega. Poco después del asesinato del padre Carlos Mugica, en mayo de 1974, Jorge Bergoglio me convocó para conversar. Cuando nos reunimos, me dijo que tenía malas noticias: la Triple A nos había amenazado de muerte a mí y al padre Franz [Francisco] Jalics. Yo consideré que, en ese momento, no valía la pena hacerse el héroe. En los meses anteriores habían matado a mucha gente; la cosa no era broma. Decidí hacerle caso a Bergoglio y salir del país. Pero antes de marcharme de la Argentina quería despedirme de mis muchos amigos del Chaco. Viajé a Resistencia y, después de un día de reuniones, al anochecer, junto con la religiosa María Elena, con la que habíamos puesto en marcha el sindicato de hacheros, nos detuvo la policía. Después de fotografiarme como un delincuente sujetando un cartel con un número y de tomarme las huellas digitales, a media mañana del día siguiente me dejaron libre con la orden expresa de que me fuera inmediatamente del país. Volví a Buenos Aires para abordar un vuelo. Tres días más tarde, lo hice. Estoy con vida gracias a Bergoglio.[48]

Domingo de Pascua

El exjesuita Jorge Scuro narra cómo fue que el actual papa Francisco, en 1975, salvó a la plana mayor de los jesuitas de Uruguay, que había sido encarcelada por los militares:

> Conocí a Jorge Mario Bergoglio en febrero de 1966, cuando ambos éramos unos muchachos. Él cursaba la licenciatura de Teología y yo, Filosofía en el Colegio Máximo de San Miguel. Un hecho circunstancial hizo que volviéramos a encontrarnos. El Viernes Santo de 1975 fue raptado por las Fuerzas Conjuntas uruguayas el padre provincial de Uruguay, Carlos Meharu, mientras celebraba la liturgia de ese día, en la Comunidad Cabré de los jesuitas. También estaban allí Perico Pérez Aguirre, cinco jesuitas más y treinta jóvenes laicos. Yo estaba invitado a participar, pero opté por ir a la liturgia del Colegio Seminario, a una cuadra de allí.
>
> A las cinco y media de la madrugada del Sábado Santo me despertó el teléfono. Era Jorge, un compañero jesuita, para pedirme que fuera enseguida al Colegio Seminario. Allí me encontré con Pablo, quien me contó lo sucedido la noche anterior. No sabíamos qué hacer. El viceprovincial, padre Miguel Artola, estaba en Colombia, y el consultor más antiguo, en Colonia del Sacramento. El secretario, padre Sancho, un hombre mayor, había quedado abatatado con la noticia. Nos miramos con Pablo constatando que estábamos solos. Entonces se nos ocurrió llamar a monseñor Carlos Mullin, jesuita obispo de Minas. Mullin llamó de inmediato al por entonces presidente de Uruguay, Juan María Bordaberry, pero le contestaron que estaba en su estancia de Durazno. El ministro del Interior se encontraba en la

Semana de la Cerveza en Paysandú. El general Gregorio Álvarez, en la semana de Lavalleja en Minas. ¡No se podía creer!

Paciente y tenaz, monseñor Mullin se atrevió a jugar su última carta. Llamó al general Julio César Vadora, comandante en Jefe de las Fuerzas Armadas, y este por fin contestó. Mullin saludó y rápidamente le dijo que pusiera en libertad al padre provincial y a todos los jesuitas y laicos que tenían presos. El general contestó que lo dejara averiguar qué había pasado y que lo llamaría en diez minutos. Al rato, sonó el teléfono.

—No pueden ser liberados, pues pasarán el lunes a la justicia militar —dijo.

—¡De ningún modo! —reaccionó Mullin—. Si no los libera mañana, Domingo de Pascua, con las iglesias repletas hago leer un comunicado del Episcopado entablando juicio eclesiástico al Estado uruguayo.[49]

Continúa Scuro:

Yo pensaba que estaba viviendo una escena surrealista. La respuesta del general fue que no podía hacer eso pues él pondría soldados en las puertas de todas las iglesias y capillas de la República; que durante el correr del domingo saldrían libres los laicos más jóvenes y que, en cuanto a los jesuitas, el martes podrían ser liberados quienes no tuvieran antecedentes. Parecía que aquello no iba a terminar fácilmente. Había que hacer algo más fuerte. El Domingo de Pascua fui a las cinco y veinte de la madrugada al aeropuerto pues sabía que había un vuelo a Buenos Aires. Tenía que probar suerte con mi amigo Jorge Mario Bergoglio. Estaba seguro de que él, como provincial argentino, me ayudaría. Quedamos en encontrarnos en un bar de Corrientes y Callao. No bien llegó le conté y me preguntó, sin indagar, qué quería que hiciera. «¡Quiero hablar con el padre Arrupe!», le dije. Era nuestro padre general en Roma. Bergoglio no dudó. «Esperame en la puerta del Salvador, necesito conseguir un auto», me dijo. Cuando llegó, subí al auto y, ya en marcha, vi cómo se sacaba el cuello romano y lo guardaba en la guantera. Empezó a dar vueltas por Buenos Aires, ninguna central telefónica le servía, nadie tenía que reconocerlo. Terminamos en Avellaneda en una cabinita con teléfono. Desde allí habló directamente con el padre general. El alma me estaba volviendo al cuerpo. Le explicó muy brevemente lo que ocurría y me pasó el teléfono. «Dígame qué puedo hacer por usted», me dijo el padre Arrupe. Yo le dije que necesitaba que hiciera llegar unos telegramas de la Santa Sede a Montevideo. Él me pidió que esperara mientras tomaba un lápiz y después le di los nombres del presidente de la República, del ministro del Interior, del subsecretario, del ministro de Defensa, del comandante en Jefe de las Fuerzas Armadas y del nuncio apostólico. Salimos ya tarde en la noche. Le agradecí la gestión a Jorge y regresé a Montevideo. Al día siguiente, antes de las siete y media ya estaba en el seminario dedicado a mis tareas, como si nada hubiera sucedido. Al rato me enteré de que todos los telegramas habían llegado y que el gobierno era un aquelarre. Antes de mediodía liberaron a los jesuitas, menos a Perico y a Carlitos. Insistían en pasarlos a la justicia militar, pero los dejaron en libertad a los dos el martes. Ese mismo día se me presentó en la portería del Colegio un policía conocido, quien en varias oportunidades me había dejado en claro que nos seguía permanentemente. Para mi asombro, me preguntó cómo había hecho la Compañía de Jesús para comunicarse tan rápidamente con la Santa Sede y lograr semejante efectividad. Poniendo mi mejor cara de póker le dije que no tenía ni idea, que yo era un simple pinche y no podía darle ninguna pista. Insistió, insistió. Amenazó, pero optó por irse.

Hablar con ellos

A mediados de 1975 monseñor Enrique Angelelli decidió que, por seguridad, tres seminaristas de su diócesis se trasladaran al Colegio Máximo para terminar sus estudios. Ellos eran Miguel La Civita, Carlos González y Enrique Martínez Ossola. En 2013, el exsacerdote riojano Delfor *Pocho* Brizuela recordó aquel momento:

> Los curas jesuitas comenzaron a tener problemas antes de la dictadura, cuando entraron en conflicto con los patrones de estancias. [...] De esa etapa anterior al golpe, sé del caso de tres seminaristas riojanos a los que Bergoglio acogió en el Colegio Máximo, en San Miguel. Le dio una mano muy grande a Angelelli, a quien se le complicaban las cosas porque ninguno de los otros obispos que disponían de centros para la formación sacerdotal querían recibir a muchachos que fueran de La Rioja, ya que estaba la idea de que era una iglesia contaminada por el marxismo y todo ese tipo de estigmatizaciones. Era el año 1975 y los muchachos no tenían dónde ir a estudiar. Entonces Angelelli acudió a la Compañía de Jesús, particularmente a Bergoglio, para que los ayudara. Él los recibió y, gracias a eso, los muchachos pudieron terminar sus estudios en Buenos Aires.[50]

Miguel La Civita, uno de esos estudiantes, dio su testimonio para este libro. El padre Miguel vive en Villa Eloísa, Santa Fe, donde ejerce su ministerio y cuida a su madre, muy anciana. De aspecto campechano, fue uno de los primeros en salir a desmentir la campaña de calumnias contra Jorge Bergoglio:

> Ir de La Rioja, de la diócesis de Angelelli, era causa suficiente para ser observados con desconfianza. Después del golpe nos enteramos de que la casa donde vivíamos en esa provincia había sido allanada por el Ejército. En julio de 1976 asesinaron a Carlos de Dios Murias y Gabriel Longueville y, veinte días después, mataron a monseñor Angelelli. Ese mismo día Bergoglio se encontraba en Perú y apenas recibió la noticia regresó a San Miguel. Era de noche tarde cuando golpeó nuestra puerta para darnos la triste noticia y confortarnos. Allí nos advirtió: «No deben jamás separarse, deben estar siempre juntos y moverse con prudencia. Si están unidos, será difícil para ellos secuestrarlos a los tres al mismo tiempo». Bergoglio fue como un padre para nosotros. Nos protegió y asistió en el momento tan difícil que nos tocó vivir. Los tres riojanos estábamos alojados en el ático del Colegio Máximo. Allí había más de treinta piezas vacías, donde se quedaban a veces sacerdotes que venían a realizar retiros espirituales. Y era el lugar que tenía el provincial Bergoglio para esconder a gente perseguida que luego saldría del país. Como nosotros éramos de confianza, muchas veces nos pedía que les llevásemos la comida a los jóvenes que estaban allí alojados. Por supuesto, nosotros no hacíamos preguntas, ni al provincial ni a aquellos a quienes asistíamos. En el colegio había curas de todos los colores, incluso algunos capellanes militares y

otros tantos que simpatizaban con los milicos. Había que cuidarse mucho, andar con pies de plomo... Yo he visto que ayudó a muchos a salir del país en esos momentos en que había tantas personas desaparecidas y recuerdo especialmente cómo en el Colegio Máximo se escondía gente, se preparaba la documentación y lo necesario para hacerla salir del país. Tampoco sé el número exacto, pero calculo haber visto a más de veinte en esa situación. Eso lo he visto yo, nadie me lo contó. Los jesuitas en ese momento tenían toda una organización para ayudar a salir del país... Nombres no podría dar, ya que no preguntábamos nada. Solo éramos testigos y colaborábamos a nuestra manera. Yo creo que no darnos datos también era una forma de protegernos que tenía el padre Jorge... Sí me acuerdo de una vez que le llevé la comida a su oficina y estaba hablando creo que con un brigadier, pidiéndole por Sergio Gobulin. Cuando el milico se fue y volví a entrar, me lo encontré vomitando en el baño. Me dijo algo así como «no sabés la repulsión que me da tener que hablar con estos tipos»... Otro nombre que recuerdo es el del padre Justo Asiain,[51] que había estado preso en Uruguay y sufrió mucho la tortura. Asiain hablaba del suicidio como escape al dolor. Me contó que una vez intentó cortarse las venas con la chapita esa que cierra las bolsas. Era muy buena persona. Bergoglio lo tenía alojado y protegido en el Colegio Máximo.

Enrique *Quique* Martínez Ossola, otro de los «riojanos», fue nombrado arzobispo auxiliar de Santiago del Estero el 19 de junio de 2017. Su relato coincide con el de Miguel La Civita y agrega además un aspecto muy humano: «Aun en medio de la fuerte tensión, el padre Jorge no perdía el buen humor. El suyo era el único televisor del Colegio Máximo en el cual se veía fútbol. Entonces nosotros, los jóvenes, nos reuníamos allí y, con la excusa del fútbol, conversábamos, reíamos, transcurríamos tardes agradables. Él tenía eso: lograba conservar la serenidad y contagiársela a los demás. Cuarenta y dos años después, no ha cambiado».[52]

Inteligencia policial sobre Bergoglio

Según cuenta Austen Ivereigh en *El gran reformador*, Bergoglio formó un equipo dirigido por el padre Jorge Camargo S. J. para organizar retiros de discernimiento destinados a jóvenes en distintos lugares del país y descubrir nuevas vocaciones sacerdotales. Los resultados fueron muy positivos. De los cinco novicios reunidos en 1975 pasaron a catorce en 1978 y luego a veintiocho. La Curia Jesuita de Roma quiso saber cuál era la fórmula del éxito. La receta tenía que ver con la articulación de Bergoglio de una visión renovada de la vida jesuítica basada en la primera época de la Compañía, en los tiempos de la misión.

El Archivo Provincial de la Memoria de Santa Fe guarda un informe secreto al ministro de Educación de la provincia emitido por un informante policial en el que consta que, con fecha 5 de julio de 1978, se enteró por su hijo, alumno del Colegio de la Inmaculada Concepción, que «los días 23, 24 y 25 de junio, alumnos de quinto año realizaron ejercicios espirituales según las normas de San Ignacio en la Casa del Encuentro (en un campo cercano a la localidad de Maciel). La dirección de los ejercicios estuvo a cargo del padre Jorge Camargo y el contenido de los mismos, previos a la parte religiosa que predispone a la entrega, a la generosidad, a la caridad, al amor, etc., consistió en una labor de adoctrinamiento subversivo». El informante destaca que, entre otros conceptos que se vertieron, se dijo que «la gente de clase media (burgueses) son vivillos y explotadores» y que «hubo un mártir de la causa de los pobres que fue el cura Carlos Mugica». Agrega que al finalizar se distribuyó una estampita con la foto de Mugica y el texto de una oración, «cuya fotocopia acompaño».

Después de relatar las conversaciones de recreo de los jóvenes y citar a dos como testigos, expresa que «el cura Camargo se dedica a dar ejercicios espirituales en todo el país», y cierra diciendo que el sacerdote depende directamente «del provincial de los jesuitas, que se llama Jorge Bergoglio y vive en el Colegio Máximo de San Miguel, Buenos Aires».

En general los informes de inteligencia policial solían ser muy elementales, pero lamentablemente muchas veces podían llevar a alguien a ser detenido o secuestrado. En este caso, los acusados eran el padre Jorge Camargo y su jefe, Jorge Bergoglio.

7

«Yo me ocuparé de buscarlos»

Tiempos difíciles

> Señores jueces: este proceso ha significado, para quienes hemos tenido el doloroso privilegio de conocerlo íntimamente, una suerte de descenso a zonas tenebrosas del alma humana.
>
> Alegato del fiscal
> Julio César Strassera
> en el juicio a las Juntas,
> 18 de septiembre de 1985

El 17 de diciembre de 1975 la presidenta María Estela Martínez de Perón anunció el adelantamiento de las elecciones para octubre de 1976 y al día siguiente estalló una sublevación en el sector de la Aeronáutica: una escuadrilla de aviones Mentor sobrevoló la Casa Rosada en formación de ataque. Isabel ordenó al personal civil evacuar la sede de gobierno, pero pese a la amenaza de bombardeo, ella permaneció en su despacho. Los disturbios duraron tres días. Apenas un mes más tarde, el 28 de enero, otro sector empresarial, constituido por grandes grupos económicos, convocó al paro y los ganaderos se negaron a entregar hacienda. El 2 de febrero, con el alejamiento del ministro de Economía del gabinete, Antonio Cafiero, se cerró una de las últimas esperanzas de sostener al gobierno. Junto a Isabel quedaba solo su entorno más cercano.

Poco antes de la una de la madrugada del 24 de marzo la presidenta subió al helicóptero que debía trasladarla a Olivos, pero este se desvió hacia el sector militar del Aeroparque. En el hall la esperaba con rostro adusto el general José Rogelio Villarreal: «Le comunico que las Fuerzas Armadas han asumido el poder político de la nación. Usted queda destituida», le dijo.

En la Plaza de Mayo apenas medio centenar de personas, la mayoría mujeres, aclamaban a Isabelita. No parecía la misma plaza en la que tres años antes miles de gargantas juveniles habían cantado: «Se van, se van y nunca volverán».

Pocos sospechaban lo que vendría

Salvo por los movimientos de tropas, en las calles reinaba una mezcla de temor e indiferencia. Desde hacía días los diarios venían anunciando el golpe y no hubo el menor atisbo de resistencia.

La Asamblea Permanente de Entidades Gremiales Empresarias había estado preparando desde hacía varios meses las condiciones favorables para ese desenlace promoviendo la inflación, el desabastecimiento, la especulación desenfrenada, la fuga de divisas y la cesación de pagos con el exterior y organizando una huelga impositiva.

Como si se tratase de un traspaso democrático, el diario *Clarín* tituló: «Nuevo Gobierno». *La Nación*, por su parte, eligió un elíptico «Las Fuerzas Armadas asumen el poder; detúvose a la presidente» y lo ilustró con una foto del helicóptero que llevaba a Isabel detenida. *La Opinión* destacó en primera plana: «Gobierna la Junta Militar».

En la Memoria y Balance de 1976 de la Sociedad Rural Argentina pudo leerse: «Estos trastornos, consecuencia de un régimen demagógico y populista, llevaron al país casi al borde de su disolución, desgracia que pudo ser evitada debido a la intervención militar del 24 de marzo, destinada fundamentalmente a reencauzar el país en el camino de la ley, de la responsabilidad, de la verdad».[53] El radicalismo aportó al gobierno de facto funcionarios en segundas líneas y ocupó trescientas diez intendencias en todo el país.

La guerrilla, que ya estaba aislada de las masas por sus errores políticos, imaginó que el golpe era la oportunidad de recuperar protagonismo en la falsa creencia de que, clausurada la democracia, el pueblo se iba a sumar a la lucha armada.

El *Evita Montonera*, órgano oficial de Montoneros, en la nota sobre el suceso tituló: «Cayeron los payasos del circo»: «En la madrugada del 24 de marzo cayeron Isabel y sus payasos [...]. Mucho se equivocan si creen que han destruido al peronismo. Todo lo contrario. Lo que se terminó fue su resaca. Ahora el auténtico peronismo va a dar un salto cualitativo. Este peronismo que ahora, además de saber por qué y contra quién lucha, sabe cómo luchar. Y con la conducción de Montoneros se convertirá en el pilar del frente de Liberación Nacional».[54]

El ERP, en su revista *El Combatiente*, derrochó optimismo: «La dictadura militar fracasará completamente desde el comienzo en sus objetivos de aniquilar las fuerzas revolucionarias y estabilizar el capitalismo. Por el contrario, las fuerzas revolucionarias crecerán más que nunca [...]. Se inicia, por tanto, la etapa de la guerra civil generalizada en nuestro proceso revolucionario [...] a las puertas de una época histórica y gloriosa, por la que ya marcha erguida y determinada su vanguardia guerrillera».

Una de las pocas expresiones contra el golpe fue la del Partido Comunista Revolucionario (PCR). Su órgano oficial, *Nueva Hora*, del 23 de marzo dijo en portada: «En defensa de las conquistas amenazadas y en el camino de la lucha por la liberación definitiva, junto al pueblo peronista y patriotas argentinos, defender al gobierno de Isabel Perón».

La clase alta aplaudió, la clase media mantuvo una postura oscilante entre la simpatía y la indiferencia, y la clase obrera lo recibió con desconfianza y resignación. Jorge Bergoglio recordó el golpe: «Lo aprobaron casi todos, incluso la inmensa mayoría de los partidos políticos. Si no me equivoco, creo que el único que no lo hizo fue el Partido Comunista Revolucionario. Aunque es verdad que nadie, o muy pocos, sospechaban lo que sobrevendría».[55]

El número de detenidos a disposición del Poder Ejecutivo llegó a 3.845 en los primeros meses de 1976, modalidad que sirvió para simular una represión «blanda y civilizada», con la que las Fuerzas Armadas podrían presentarse ante la sociedad y el mundo exterior. Algunos miles de presos en cárceles comunes a la vista de todo el mundo, mientras que en la más absoluta clandestinidad se desataba una maquinaria de exterminio nunca antes conocida en el país.

Ideas irrenunciables

Las características de las acciones de Bergoglio en ese tiempo fueron el secretismo y la soledad con que se movió para evitar comprometer a la gente de su entorno. El padre Juan Carlos Scannone, quien era mayor que Jorge y llevaba más años en el sacerdocio, mucho tiempo después y reflexionando con otros jesuitas cayó en la cuenta de cómo actuaba Bergoglio:

> En realidad, nos ha llevado más de veinte años conocer a fondo la verdad de las acciones de salvataje del padre Jorge. Al Colegio Máximo llegaban algunos jóvenes para un período de permanencia. Bergoglio nos decía que eran muchachos que estaban en una fase de discernimiento vocacional o bien que estaban siendo acompañados en sus estudios. Nosotros creíamos que se trataba de ayuda espiritual, nunca supimos que estuviera llevando adelante una operación clandestina. La policía merodeaba frecuentemente el colegio. Una vez llegaron de noche, sería a finales de 1977. Pasaron la verja y rodearon el edificio con las camionetas. Fue una verdadera irrupción. Todavía recuerdo el retumbar de sus pasos a lo largo del corredor. Deduzco que podrían ser más o menos unos veinte. Se nos hizo un nudo en la garganta. Jorge reaccionó como un jefe carismático. Nos animó, nos tranquilizó a todos e intimó a los militares a retirarse. Lo hizo con tono decidido pero no provocativo. Eran tiempos sin ley. Había que evitar cualquier pretexto. Cuando salimos de nuestras habitaciones vimos que los militares tomaban una actitud menos marcial. Esa noche había también algunos jóvenes que Jorge nos había presentado

como estudiantes en un retiro espiritual. Cuando más adelante emergieron estas historias, hablando en la comunidad de jesuitas, comprendimos la razón verdadera de aquella hospitalidad. Quiere decir que el padre Bergoglio no solo mantuvo entonces ese secreto, sino que nunca ha querido jactarse de su singular misión. Puedo decir con certeza que el padre Bergoglio se ocupó no solo de proteger y salvar jesuitas y seminaristas, sino también de esconder a jóvenes que estaban en la mira de la dictadura y que eran llevados a nuestro colegio con las mayores cautelas... Ciertamente, buscaba evitar que la cobertura saltara por posibles ingenuidades nuestras. Recordemos que eran años de miedo. Por eso era necesario mantener estrecha reserva. Además, el padre Jorge sabía que con esta misión podía exponer no solo a otro jesuita, sino a toda la Compañía de Jesús de la Argentina. Si los sicarios de Videla hubiesen descubierto que los jesuitas, bajo la dirección de sus superiores, actuaban clandestinamente contra eso que llamaban Proceso de Reorganización Nacional, ciertamente se habrían tomado represalias que solo hoy podríamos imaginar.[56]

Probablemente, el padre Scannone nunca leyó las diatribas de la revista *El Caudillo*. O tal vez, en esos juegos selectivos que tiene la memoria, las haya olvidado. Lo que no olvidó jamás fue el empeño que puso su provincial en protegerlo. Nunca antes había querido hablar de aquella época, pero cuando su amigo fue ungido papa Francisco, lo hizo: «Él me cubrió las espaldas, me salvó. Y lo hizo en diversas circunstancias. Los militares eran incapaces de sutilezas. Para ellos hablar de liberación o de opción preferencial por los pobres se traducía en una sola palabra:

comunismo. Personalmente, nunca he tenido que ver con el marxismo; sin embargo, me consideraban un comunista. Jorge nos aconsejaba a todos cómo evitar problemas, cómo esquivar el pesado control del régimen sin renunciar jamás a nuestras ideas».

Scannone mencionó el primer consejo personal que Bergoglio le dio:

> Me recomendó que, cuando fuera a los barrios donde tenía mi actividad pastoral, no lo hiciera solo. No me lo dijo únicamente por razones de seguridad, sino para que siempre hubiera algún testigo de mis actividades. De esta manera, si la policía, el ejército o la marina intentaban detenerme, no faltarían testigos de ese accionar. El padre Jorge tomó en serio que protegernos era su deber. Sabía perfectamente que, como Superior de la Compañía de Jesús, su primera responsabilidad era proteger a cada jesuita. Por eso mismo no es casual que, terminados aquellos años de matanzas, ningún jesuita haya sido asesinado por la dictadura.

«Deben cuidarse»

«A fines de 1974 ingresé a la Universidad del Salvador para estudiar Medicina. Ese año, la universidad había quedado en manos de una asociación civil, desligada jurídica y económicamente de la Compañía de Jesús. La operación la había hecho Bergoglio y se fundaba en el Documento Historia y Cambio, de su autoría y siguiendo las *Constituciones de la Compañía de Jesús*», cuenta el hoy doctor Gustavo

Luciano López, médico radiólogo residente en Zapala, provincia de Neuquén.

Por aquellos años, Gustavo López era dirigente del Centro de Estudiantes de Medicina de la Universidad del Salvador (CEMUS), que participaba de la Federación de Estudiantes de la Universidad (FEUS):

En 1975 se produjo una crisis en la universidad por los cambios en el precio de las cuotas y un nuevo régimen de aranceles. Luego de terminar el conflicto y de negociar el régimen de aranceles con el vicerrector, el doctor Enrique Betta, la FEUS salió fortalecida. Cada centro de estudiantes tenía su forma de acción fuera de la facultad, y en nuestro caso eran campañas de vacunación en barrios de emergencia de la Municipalidad de Avellaneda, con el apoyo del municipio y materiales de la provincia. Entonces, el provincial, el padre Jorge, nos citó a una reunión a todos los representantes estudiantiles de la FEUS. Fuimos todos, éramos unos cuantos. Nos dijo que vendrían tiempos difíciles para la Argentina, que teníamos que cuidarnos y cuidar a la gente. Fue un momento perdurable en la memoria, a cada uno nos dijo algo pertinente como conociéndonos individualmente y se detuvo un rato con los chicos de Sociales y con los de Derecho. Poco después, en marzo de 1976, creo que el 18 o 19, tres o cuatro integrantes del CEMUS fuimos a otra reunión, que había sido pactada mucho antes, con el licenciado Francisco Piñón, rector de la Universidad del Salvador, por el proyecto del edificio para la facultad. Al terminar nos dio un mensaje del padre Jorge: «En estos días habrá cambios importantes, y no para bien. Deben cuidarse. La protección de la universidad no puede ir más allá de sus puertas. Los proyectos de extensión será mejor institucionalizarlos a través de las unidades académicas» [así continuaron hasta pasado 1980]. También allí Piñón nos contó que dos de los chicos de Sociales no aparecían por ningún lado [aún hoy están desaparecidos]. Aunque ya no participaba del gobierno de la universidad, el provincial Jorge Bergoglio nos hizo llegar su consejo y palabra de aliento por los difíciles tiempos que vendrían.

Pasaportes

Acerca de la atmósfera reinante en los momentos previos al golpe, el testimonio de Armando Liscano es muy ilustrativo. Rosa Corsichi, exmilitante montonera y de La Lealtad, que en la actualidad continúa su exilio en Gotemburgo, Suecia, nos puso en contacto con Armando, de origen uruguayo y también en el exilio, quien relató el siguiente episodio que lo vinculó al actual papa Francisco:

> Yo estudiaba Literatura, pero me dediqué el periodismo. Estaba afiliado a la Juventud Comunista, y por mi profesión fui designado funcionario de prensa del PC Uruguayo. Mi compañera, Marita, integraba la Resistencia Obrero Estudiantil, brazo armado de la Federación Anarquista Uruguaya, donde además estaban las hijas de Zelmar Michelini.
> A mediados de 1974 cayó presa una compañera de ella y, ante el riesgo de que fuera detenida también, decidimos cruzar a Buenos Aires. Llegamos justo el día de la muerte de Juan Domingo Perón. Aquí me reencontré con Raúl *Cacho* Feldman, un compañero de la Juventud Comunista que se convirtió en mi responsable. El 24 de diciembre de 1974 Cacho venía a festejar Navidad con nosotros y con otro

compañero llamado Javier. En el camino, entró al local del Movimiento de Solidaridad con Latinoamérica justo cuando una patota de civil estaba dentro y fue asesinado brutalmente. A las seis de la mañana del 25, llegó Javier y nos dijo: «Hay que rajarse, mataron a Cacho». Todo 1975 fue un año terrible, y ya por diciembre la cosa se puso mucho peor: se venía el golpe. Entonces Marita, que había sido catequista, se puso en contacto con un sacerdote tercermundista. No recuerdo su nombre, era un tipo petiso, rubio y muy simpático que nos dijo: «Miren, yo estoy muy marcado y no los puedo ayudar, pero quien los puede ayudar es Jorge Bergoglio, el provincial de los jesuitas». A mediados de enero de 1976 fuimos a la casa de Bergoglio, que vivía con el sacerdote José Luis Ávila, un gallego muy divertido. Bergoglio nos dijo: «Bueno, aquí hay posibilidades de que la cosa se ponga más fea, de que haya un golpe. Lo que les propongo es que ustedes dejen sus pasaportes aquí y, si llegan a tener un problema, si los detienen, yo me voy a ocupar de buscarlos». Y quedamos en que todas las semanas íbamos a ir a la misa que daba Ávila en una iglesia que quedaba entre Flores y Caballito. Entonces cuando Ávila me daba la... ¿cómo se llama?..., cuando el gallego me ponía la «galletita» en la lengua, me decía «vaya a la sacristía que tengo información» o «no tengo nada para ti hoy». Todos los domingos íbamos a la misa.

Mencionar la hostia como la «galletita», en el testimonio de Armando, es parte del desconocimiento comprensible en alguien que nunca fue católico; pero, además de ser una anécdota risueña, esconde un mensaje: al sacerdote Jorge Bergoglio no le importó que Armando fuese ateo y comunista. Le bastó con escuchar su solicitud de ayuda para protegerlo.

Continúa Liscano:

Cada tanto encontrábamos a Bergoglio y hablábamos de la situación política y de otras cosas. Bergoglio era un tipo muy culto, retórico, intenso y a la vez humanísimo, con una capacidad impresionante. Cuando llegó la noche del 23 de marzo, a eso de las siete u ocho de la noche, nos fuimos a su casa para ver qué hacíamos. Recuerdo que nos sirvió una ensalada con nueces y vino tinto y dijo: «Coman, chicos, porque no sabemos si mañana vivimos». Lo llamaban distintas personas por teléfono. Allí me dijo que el golpe no iba a ser como el de Chile, que no habría resistencia, pero que no sabía qué podía pasar... Nosotros cambiamos de hotel y nos fuimos a uno de Mataderos. Allí pasamos una situación muy fea. Una noche cayó el Ejército, revisó todo muy normalmente y se fue. Pero a eso de las siete y media de la mañana siguiente el dueño nos dijo: «Ustedes dos se van de aquí ya». Protestamos, pero luego juntamos las cosas y llamamos un taxi. No habíamos hecho media cuadra cuando vimos que llegaban al hotel varios Falcon verdes con tipos armados. El gallego del hotel nos había salvado la vida... Así seguimos cambiando de hoteles, dando vueltas por Buenos Aires y yendo a la misa todos los domingos. Pedimos refugio en Naciones Unidas y, por suerte, en septiembre nos llegó la visa para Suecia. Fuimos a verlo a Bergoglio para buscar los pasaportes y agradecerle su ayuda. Él nos deseó mucha suerte y yo le prometí volver a verlo cuando los tiempos cambiaran.

Un ramo de flores

Alicia Oliveira fue, hasta su fallecimiento en 2014, amiga personal de Jorge Bergoglio. Esa amistad se remontaba a los años 1973-1974, cuando fue nombrada jueza del fuero penal competente en mayores y menores, la primera en el país.

Echada del cargo por la dictadura, Alicia se volcó de lleno en la lucha por los derechos humanos. Fue la abogada con más *habeas corpus* presentados. En 1979, junto con Augusto Conte, Alfredo Galleti, Carmen A. de Lapacó, Emilio F. Mignone, Boris Pasik y José Westerkamp fundó el Centro de Estudios Legales y Sociales (CELS), un organismo encargado de investigar casos de violaciones a los derechos humanos.

Ese mismo año, junto a Nilda Garré y Jorge Vázquez, redactó el documento que presentó el Partido Justicialista (con las firmas de Deolindo Bittel y Herminio Iglesias) cuando la Corte Interamericana de Derechos Humanos visitó el país. En él se denunciaba por primera vez que en Argentina desaparecía gente y se torturaba.

Entre 1998 y 2003 fue Defensora del Pueblo de la Ciudad de Buenos Aires propuesta por el FREPASO. Y en la gestión de Rafael Bielsa como canciller, entre 2003 y 2005, fue secretaria de Derechos Humanos. En 2013, la presidenta Cristina Fernández de Kirchner la invitó a acompañarla en la comitiva que asistió a la asunción del papa Francisco.

Desde su propia experiencia, y desde la autoridad moral que le dio su lucha por los derechos humanos, fue la voz principal que se alzó para defender la verdad sobre las actuaciones de Jorge Bergoglio, desmintiendo a quienes pusieron en duda su papel durante la dictadura.

Comentó Alicia:

> En febrero de 1976, antes del golpe, Bergoglio fue a verme al juzgado para decirme que la mano venía muy pesada. «Le pido que se venga al Colegio Máximo a vivir con nosotros», me dijo. Yo le dije que prefería que me agarraran los militares antes que irme a vivir con los curas. Cuando se inició el Proceso me echaron del cargo. Bergoglio entonces me mandó un ramo de flores. Pero la cosa no terminó en mi despido. Los militares decretaron mi captura y por suerte no me encontraron. Zafé, me escondí. Estuve dos meses viviendo en la casa de mi amiga Nilda Garré, que había sido alumna en el Salvador. Ella estaba casada con Juan Manuel Abal Medina, secretario general del Partido Justicialista, y tenían una hijita. Abal Medina había tenido que asilarse en la embajada de México, y cuando Nilda salía del departamento me dejaba encerrada porque decía que yo era una irresponsable. La cosa es que uno de mis hijos iba al Salvador y yo vivía angustiada porque no podíamos vernos. Entonces el padre Jorge Bergoglio me iba a buscar a casa de Nilda, me llevaba en su auto y al entrar en el colegio me dejaba en el patio para que pudiera reunirme con mi hijo. No lo hizo una, sino varias veces. Y no lo hizo solo por mí.
>
> Él ayudó a mucha gente durante el Proceso. Recuerdo el caso de un hombre al que tenía escondido, ya que estaba muy marcado y no podía irse al extranjero. Como se parecía bastante a Jorge le dio su cédula de identidad y su sotana y así pudo salir. Eso no lo hace cualquiera, y muchísimo menos en aquel tiempo. Cuando yo ya pude volver a salir a la calle, nos reuníamos todos los domingos en Villa

San Ignacio, la Casa de Ejercicios que está frente a Campo de Mayo. Allí Jorge, el provincial, hacía un gran asado y despedía a gente que cobijaba en alguna parte, aunque no se sabía bien dónde. Desde allí escapaban al extranjero. El hermano Salvador Mura, que era su secretario, los llevaba hasta Ezeiza o incluso hasta Paso de los Libres. Otras veces era el mismo Jorge el que los acompañaba hasta el aeropuerto. Nilda Garré puede confirmarlo porque una vez la llevé a un asado. Nunca le pregunté a Jorge cómo los sacaba o dónde iban. Por ese entonces, lo mejor era ignorar todo. Lo que sé es que él se arriesgaba por ellos una y otra vez. Por eso a mí no me pueden venir con cuentos sobre quién es Jorge Bergoglio.[57]

Pecado mortal

«En San Miguel, la misa de los sábados a las ocho de la noche, que se oficiaba en la capilla interna, en el primer piso del Colegio Máximo, era conocida como "la misa de los gamulanes". Le decían así porque la mayoría de los feligreses venía de Bella Vista, zona de casaquintas, de gente de buena posición económica, los únicos que, por entonces, podían comprarse un gamulán.»

Virginia Bossie vive en General Pico, La Pampa, pero en los años setenta, mientras estudiaba Letras, trabajaba como secretaria administrativa en el Colegio Máximo de San Miguel. Para este libro, Virginia recordó aquellos días: «Al margen de quiénes iban, yo también prefería esa misa porque disfrutaba de las homilías del Gallego Ávila, del Chulito Moyano Llerena y también de las de Bergoglio, ya que, aunque sus misas duraban menos porque él prefería hablar poco, siempre nos dejaba ideas para rumiar toda la semana. Además, me gustaba que el grupo que cantaba usara bombos y guitarras y entonara canciones no litúrgicas, como las de la *Misa criolla*. Ese grupo también cantaba canciones del jesuita Juan Carlos Constable, bastante más comprometidas socialmente por sus letras. Tal vez fue por eso que en 1975 Bergoglio, ya como provincial de los jesuitas y cuando habían comenzado las persecuciones, protegió a Constable mandándolo a refundar la Iglesia en medio del monte santiagueño, en San José del Boquerón».

Allí los jesuitas que venían de Perú habían levantado en 1735 una reducción con una iglesia y un pozo de agua. Los indígenas tallaron a machete una imagen de San José (que aún se conserva en la parroquia) en quebracho colorado. Jesuitas e indígenas trabajaron mancomunadamente hasta 1767, cuando los religiosos fueron expulsados por orden del rey español Carlos III. Pasaron más de doscientos años para que otros dos jesuitas, Agustín López y Juan Carlos Constable, volvieran, enviados por Bergoglio, a ese poblado del monte santiagueño para reconstruir la iglesia, fundar una escuela y asistir a un centenar de habitantes. El padre Constable abrazó con amor su misión y realizó una enorme tarea social durante cuarenta años.

Un tal Jorge

La Universidad Católica de Salta pertenecía a la Compañía de Jesús. En esos años el rector era un jesuita de Wisconsin, el padre George Haas, quien estaba en la mira de los grupos de ultraderecha. A pesar de su origen estadounidense, se cuenta que era un cura muy cercano al pensamiento nacional. El abogado salteño Manuel Pecci relata lo siguiente: «Yo estaba en la Suprema Corte de Salta y en agosto de 1975 renuncié y me trasladé a Buenos Aires para ir como subsecretario de Asuntos Institucionales cuando asumió como ministro del Interior el coronel Vicente Damasco. En ese tiempo, a través de Damasco, conocí a Jorge Bergoglio y trabé cierta amistad con él. Damasco duró menos de dos meses en el cargo, así que yo renuncié y me volví a Salta, a mi estudio jurídico.

»Al poco tiempo, me llamaron de la oficina para avisarme que me estaba buscando "un tal Jorge". No sabía de quién me hablaban, pero pedí que le avisaran que pasara por el estudio. Cuando llegó este "tal Jorge", me sorprendí al encontrarme al provincial de los jesuitas. Bergoglio me dijo que la urgencia por verme obedecía a una razón: tenía la información precisa de que dos padres jesuitas (uno de apellido Rueda, al otro no lo recuerdo), profesores de la Universidad de Salta, corrían peligro inminente de ser asesinados por un grupo parapolicial. Como yo conservaba muchos contactos dentro de la justicia salteña y el gobierno, de inmediato me comuniqué con un camarista amigo y le expliqué la situación. Él se cruzó hasta mi estudio y se reunió a solas con Bergoglio, donde arregló una salida segura para ambos jesuitas: partirían al día siguiente a Bolivia. Una vez que los padres cruzaron la frontera, Bergoglio regresó de inmediato a Buenos Aires».[58]

8
Luces en la noche

Iglesia y dictadura

¿Qué postura adoptó la Iglesia católica en relación con la dictadura?

Con motivo de la presentación del libro *Iglesia y democracia*, en marzo de 2006, el entonces cardenal Jorge Bergoglio expresó: «Es muy importante utilizar una adecuada hermenéutica en la comprensión de los documentos eclesiásticos. Hay que interpretarlos en su totalidad englobante. No es lícito desgajar párrafos o frases aislándolas del contexto porque —de este modo— se altera su significado y se hace decir al documento lo que no dice o, peor aún, lo contrario de lo que dice».

Acorde con ello, para tener al menos una visión general de la actitud de los diversos componentes de la Iglesia en ese momento, es necesario explicar que su autoridad son los obispos unidos en la Asamblea Episcopal, que a su vez tiene una comisión ejecutiva, una comisión permanente y un secretariado general. Son los obispos diocesanos, es decir, aquellos que gobiernan una jurisdicción eclesiástica llamada diócesis. Las órdenes religiosas —la Compañía de Jesús, la Orden de Predicadores (dominicos), la Franciscana, etc.— no poseen representación formal en la Asamblea Episcopal. Por ende, no tienen voz ni voto.

Acerca de la postura del episcopado católico en torno a 1976, pueden señalarse tres líneas internas. En primer lugar los tradicionalistas, quienes consideraban a las Fuerzas Armadas «custodios naturales de los "valores inmutables" de la catolicidad» y, en consecuencia, manifestaron públicamente su adhesión al gobierno militar. Sus principales portavoces eran los obispos Adolfo Tortolo, Victorio Bonamín, Octavio Derisi, Antonio Plaza y Guillermo Bolatti. En segundo lugar los conservadores, corriente mayoritaria de la jerarquía eclesiástica, cuya preocupación central consistió en «garantizar la cohesión de la Iglesia y la del propio cuerpo episcopal a partir, fundamentalmente, de un férreo disciplinamiento de las corrientes —tanto clericales como laicales— más radicalizadas del campo católico».[59] Los exponentes más notables fueron Antonio Caggiano, Juan Carlos Aramburu y Raúl Primatesta. El tercer sector estaba compuesto por aquellos obispos que se habían adherido al proceso de renovación promovido por el Concilio Vaticano II: Vicente Zazpe, Alberto Devoto, Enrique Angelelli, Jorge Novak, Justo Laguna, Miguel Hesayne y Jaime de Nevares, entre otros.

Se ha generalizado la idea según la cual la Iglesia fue cómplice de la dictadura y nunca reaccionó ante el terrorismo de

Estado. Es cierto que en los diarios de la época —controlados por la dictadura— solo aparecían las declaraciones de obispos que eran condescendientes con el régimen. Pero una cosa son las declaraciones a título personal de un obispo y otra las expresiones institucionales. Cuando se reunía la Asamblea Episcopal (que en ese momento tenía setenta integrantes) los sectores progresistas hacían oír su voz y los reaccionarios tenían que ceder para mantener la unidad. Entonces, cuando leemos los documentos completos, encontramos esa negociación, donde se percibe que la comisión redactora tenía equilibrio de miembros y cada sector trataba de poner lo suyo.

Gestiones antes que declaraciones

A solo un mes y medio del golpe, el 15 de mayo de 1976, la Asamblea publicó su Carta Pastoral de la Conferencia Episcopal Argentina. De ella es posible extraer algunas citas muy significativas:

> Hay hechos que son más que error: son pecado y los condenamos sin matices, sea quien fuere su autor:
> - arrinconar a otros contra el hambre para ganar descontroladamente;
> - asesinar —con secuestro previo o sin él— y cualquiera sea el bando del asesinado. […]
>
> También se podría errar:
> - si, en el afán por obtener esa seguridad que deseamos vivamente, se produjeran detenciones indiscriminadas, incomprensiblemente largas, ignorancia sobre el

> destino de los detenidos, incomunicaciones de rara duración, negación de auxilios religiosos;
> - si, con el mismo fin, se suprimiera alguna garantía constitucional, se limitara o postergara el derecho de defensa;
> - si, en la justa búsqueda de la indispensable recuperación económica —no damos juicios técnicos—, se llevara gente al borde de la miseria o a la miseria misma por el juego de precios y salarios o por despidos y cesantías, a veces, de muy difícil justificación.

Por supuesto, los diarios evitaron destacar estos párrafos. *La Opinión* tituló: «Aceptando las dificultades del Proceso, los obispos alientan la libertad y la justicia». *La Razón* solo tomó unas declaraciones del cardenal Raúl Francisco Primatesta y tituló: «El pueblo busca solución en Dios».

Pero algún impacto tuvo esta declaración si se toma en cuenta que el activista judío Herman Schiller, en su periódico *Nueva presencia*, destacó «la acción que despliega la jerarquía eclesiástica, sintiendo envidia como parte de la grey judía (ya que no hay una declaración decidida de la dirigencia judía condenando las detenciones arbitrarias)».[60]

Un año después, el 17 de marzo de 1977, en una carta pública a la Junta Militar el episcopado expresaba:

> Queremos transmitirles las inquietudes que de todas partes nos llegan desde hace tiempo. Ellas se refieren a la situación de no pocos conciudadanos a quienes el reclamo de sus parientes y amigos presenta como secuestrados o desa-

parecidos, por la acción de grupos de personas que dicen ser de las Fuerzas Armadas o policiales y obrar en su nombre, sin que sea posible, en la gran mayoría de los casos, ni a sus deudos, ni a las autoridades eclesiásticas que tantas veces han intercedido, lograr siquiera una información a su respecto. [...] Asimismo, se nos dice no pocas veces que se anuncian muertes que parecen no avenirse a enfrentamientos con las fuerzas de represión. [...] A ello se añade el hecho de muchos presos a disposición del Poder Ejecutivo Nacional [...] han sido sometidos a apremios ilegales, de calidad y características tales que hubiéramos siempre juzgado inconcebibles en el modo de ser argentino y que, por cierto, son para el cristiano inaceptables en conciencia. [...]

Son los sacerdotes, en contacto inmediato con el pueblo fiel, [...] quienes sienten en toda su intensidad este llanto desconcertado de tantas familias que no saben, en muchísimos casos, si su pariente vive o está muerto, no conocen ni alcanzan a sospechar de qué pueda ser acusado, viven la lacerante perplejidad de no tener amparo al cual acudir.

El proceso cumplía ya un año y, si bien ya había miles de desaparecidos, este concepto aún no se había instalado en el lenguaje de los argentinos, ni siquiera entre los familiares, quienes eran inducidos a creer que sus hijos estaban detenidos pero con vida. Tengamos en cuenta que el 30 de abril de 1977 catorce madres solitarias comenzarían su ronda en la Plaza de Mayo.

Analizar el papel de la Iglesia católica en su conjunto durante la dictadura es todavía una tarea pendiente. Como dijimos antes, ciertos obispos y varios sacerdotes convalidaron las peores prácticas de la represión. Incluso algunos han sido juzgados y condenados por delitos de lesa humanidad. Pero otra parte de esa institución alzó su voz, ayudó a los perseguidos. Un centenar de religiosos sufrieron prisión y exilio, y veintiún sacerdotes y dos obispos fueron asesinados.

En 1984, don Jaime de Nevares, el obispo de los Derechos Humanos, reflexionó sobre el papel del episcopado:

> Monseñor Laguna, que ha sido uno de los que hicieron punta para que los documentos del Episcopado fuesen claros, ha dicho: «Yo no juzgo a mis hermanos, yo me juzgo a mí mismo y no estoy tranquilo». […] Yo siento lo mismo. Y creo que esto tiene tres razones: por un lado no se lee lo que se declara, mucha gente no conocía estos documentos; segundo, algunos de esos documentos no se publicaban; tercero, faltó coherencia, si denunciábamos las torturas y a sus responsables, ¿cómo se invita a Videla a rezar en el Congreso Mariano?... Todo esto desorienta mucho. La culpa no la tiene la jerarquía en general, ni la Conferencia Episcopal, pero la gente analiza estos hechos.[61]

No es fácil comprender el contexto de la época. Hoy existe una visión muy distorsionada del clima que se vivía en los primeros años del proceso militar. Como dato muy poco conocido pero llamativo, transcribiremos la mirada de la organización Montoneros sobre la Iglesia católica en ese momento. En su órgano de prensa, *Evita Montonera*, n.º 19, de octubre de 1977, con el título «Argentina no se rinde: Los cristianos», decían:

> Como cierre de una serie de actos de la Acción Católica, se hizo una misa concelebrada en el estadio de San Lorenzo. Estuvieron presentes monseñor Aramburu, monseñor Primatesta y el nuncio Pio Laghi. En las tribunas había más de 40 mil personas. A la salida la multitud se encolumnó por Avenida La Plata en una verdadera manifestación de protesta contra el régimen militar. Los jóvenes cantaban: «Si esta no es la Iglesia, la Iglesia dónde está» y «El que no salta no es de la Acción» [Acción Católica] y muchas consignas más.

Luego destaca la valiente actitud de la Iglesia:

> A esta Iglesia quisieron silenciarla mediante el secuestro y asesinato de laicos, sacerdotes y hasta un obispo —Angelelli—. Esta Iglesia acude a un acto convocado bajo el lema «La familia reza por la paz en la Argentina» y muestra cuál es la manera de lograr la paz: la resistencia y la lucha por la justicia.

Es decir que, a finales de 1977, para Montoneros —única organización guerrillera todavía activa—, la Iglesia católica y los obispos Aramburu, Primatesta y Pio Laghi no eran «colaboradores de la dictadura», sino todo lo contrario: prácticamente lideraban la resistencia.

El provincial de los jesuitas

Dijo Jorge Bergoglio en su diálogo con Skorka:

> La Iglesia privilegió, de entrada, realizar gestiones antes que declaraciones públicas. Aunque también las hubo y están recopiladas en el libro *Iglesia y comunidad*. Hubo obispos que se dieron cuenta enseguida de lo que pasaba, como monseñor Vicente F. Zazpe. […] Otros que también se dieron cuenta enseguida y lucharon, como Miguel Hesayne, Jorge Novak, Jaime de Nevares. También hubo metodistas como Aldo Etchegoyen. Hubo otros que hicieron mucho, que no hablaban tanto pero salvaban personas; iban a los cuarteles, se peleaban con los comandantes. En esa época yo tenía treinta y nueve años y era provincial de los jesuitas desde 1973. Tenía una visión muy parcial de lo que sucedía porque es distinto a ser obispo de una jurisdicción. […] ¿Qué hizo la Iglesia en aquellos años? Hizo lo que hace un organismo que tiene santos y pecadores. También hubo hombres que combinaron las dos características. […] Resumiendo un poco: en la Iglesia hubo cristianos de los dos bandos, cristianos muertos por la guerrilla, cristianos que ayudaron a salvar gente y cristianos represores que creían que estaban salvando a la patria.[62]

Consultado sobre las ideas de perdón y reconciliación, Bergoglio fue claro y definitivo:

> El perdón debe ir acompañado del arrepentimiento y la reparación. Uno no puede decir «te perdono y aquí no pasó nada». ¿Qué hubiera pasado en los juicios de Núremberg si se hubiese adoptado esa actitud con los jerarcas nazis? La

reparación fue la horca para muchos de ellos; para otros, la cárcel. Entendámonos: no estoy a favor de la pena de muerte, pero era la ley en ese momento y fue la reparación que la sociedad exigió siguiendo la jurisprudencia vigente.[63]

¿Será necesario seguir explicando que Jorge Bergoglio no solo no colaboró con la dictadura, sino que hizo justamente todo lo contrario?

Cuando hoy se menciona a monseñor Oscar Ojea, Mario Poli, José María Arancedo o Jorge Lozano, se sabe que se habla de autoridades de la Iglesia. Pero si se nombra al padre Alejandro Tilve, habría que recurrir a una búsqueda en internet para saber de quién se trata. Tilve es, desde 2012, provincial de los jesuitas, el cargo que Jorge Bergoglio ocupó de 1973 a 1979. Ningún periodista cuestiona al padre Tilve por su falta de pronunciamientos públicos. Ni al provincial de los franciscanos, fray Gutiérrez Olmos, ni al de los vicentinos, Gustavo González. Sin embargo, algunos cuestionaron que Bergoglio no se hubiera expresado públicamente en aquellos años. Lo dicho: la Iglesia se expresa a través de sus autoridades y el provincial de los jesuitas de entonces estaba muy lejos de serlo. Tampoco los medios de difusión tenían abierta disposición a publicar críticas a la dictadura. Había censura y autocensura.

Pero Jorge Bergoglio fue un buen samaritano, se comprometió y se expuso mucho más de lo aconsejable para salvar vidas y proteger a gente perseguida. En definitiva, hizo más que lo que hicieron muchos de quienes lo critican.

Dieciséis patrulleros

«Al día siguiente del asesinato de los palotinos [ocurrido el 4 de julio de 1976], yo estaba escuchando la misa del padre Vicente Ramos en la parroquia de San Miguel», recuerda Virginia Bossie. «Era un cura muy ameno en sus homilías. Siempre relacionaba la lectura del Evangelio con hechos cotidianos, sobre todo de su paso por La Rioja. Yo lo escuchaba fascinada y, para que nada me distrajera, me sentaba adelante. Ese día estaba muy serio. De pronto cortó la misa y contó que la noche anterior habían asesinado a los cinco palotinos y que quienes lo habían hecho habían incurrido en pecado mortal. Entonces se dirigió a mí y me dijo: "Vos conocías a uno de los asesinados". Se refería a Salvador Barbeito, que era seminarista en el Máximo. De inmediato algunos asistentes se levantaron y se retiraron. Por su cercanía a Campo de Mayo, San Miguel era una ciudad poblada de militares y sus familias. Recuerdo que esa noche, yendo en auto con mi padre, vimos pasar dieciséis patrulleros todos juntos. Mi padre me dijo: "Debe de ser un pescado grande al que va a buscar tanta policía junta". Al otro día, me contaron que la policía buscaba al padre Vicente. Y que el provincial Bergoglio esa misma mañana lo había fletado a Montevideo aprovechando como excusa que Uruguay formaba parte de la misma Provincia Jesuita.»

El padre Miguel La Civita también contó para este libro: «Al padre Vicente Ramos (en realidad se llamaba Vicente Peralta Ramos, pero prefería el Ramos a secas para obviar su ascendencia familiar) lo conocíamos de La Rioja. Era un sacerdote muy activo, que llevaba jóvenes de alto nivel social a misionar a esa provincia. Tenía una cooperativa en Chepes con mucha actividad comercial. En una oportunidad, dando una misa, fueron a increparlo unos tipos de Tradición, Familia y Propiedad, y a la salida Vicente se agarró a las piñas con ellos. Era una persona muy vehemente y lo tenían apuntado... Cuando mataron a los palotinos, Vicente estaba viviendo en el Colegio Máximo y había estado muy en contacto con ellos los días anteriores. Entonces, nos llamó el provincial Bergoglio y nos pidió que, como teníamos trato con él, lo convenciéramos de que se tenía que ir, ya que su vida estaba en peligro. Le hablamos. Al principio no quería saber nada, pero fuimos ablandándolo. Luego le habló el provincial y terminó de convencerlo. El hermano Salvador Mura lo cargó en el auto y lo llevó a embarcarse a Uruguay. Después contó que Vicente le había regalado una medallita de la Virgen al de Migraciones para su mujer, que era muy devota. Y así evitó muchas preguntas».

9

Obras que se hacen en silencio

La lista de Bergoglio

> Muy specialmente ayudará, entre otras qualidades, el crédito y auctoridad para con los súbditos, y tener y mostrar amor y cuidado dellos; en manera que los inferiores tengan tal concepto que su Superior sabe y quiere y puede bien regirlos en el Señor nuestro.
>
> *Constituciones de la Compañía de Jesús*, 1553

Cuando Bergoglio asumió el cargo de provincial, en julio de 1973, entre las directivas del padre Arrupe estaba la de enfocar el trabajo de la Compañía en la tarea pastoral con la gente. Se necesitaba contar con más jesuitas en esa labor y la decisión era reducir el número de universidades que ellos tenían a su cargo. Para eso resolvieron traspasar la Universidad Católica de Salta al clero secular y la del Salvador a una asociación de laicos, a fin de quedarse solo con la Universidad Católica de Córdoba.

Francisco *Cacho* Piñón, que ejerció la rectoría de la Universidad del Salvador entre 1975 y 1980, recordó para este libro que se quiso instalar el relato según el cual Bergoglio había entregado la universidad a la agrupación Guardia de Hierro, cuando en realidad su interés era traspasarla a los laicos:

> Si bien es cierto que en ese momento hubo un encadenamiento de hechos, algunos fortuitos, que desembocaron en mi nombramiento como rector, de ninguna manera la intención inicial de Bergoglio era ponerme en ese cargo. Ocurrió que, recién recibido de sociólogo, ingresé a trabajar en el Instituto para el Estudio de la Ciencia Latinoamericana (ECLA), que dirigía Emilio Mignone, dependiente de la Universidad del Salvador. A la vez yo participaba en el sector de profesionales del Trasvasamiento (habitualmente llamado Guardia de Hierro), una organización del peronismo que se disolvió luego de la muerte de Perón. En agosto de 1974, el padre Bergoglio formó un equipo de laicos para analizar y acompañar el proyecto de traspaso de la universidad y fui invitado a participar. Luego produjo un cambio en la composición de la Asociación Civil Universidad del Salvador (hasta ese momento, compuesta solo por sacerdotes) integrando a un cierto número de laicos. Entre ellos había decanos de las diversas facultades y un grupo de gente joven de las unidades académicas, uno de los cuales era yo.

En marzo de 1975 se concretó el paso de la dirección a los laicos; continúa Piñón:

> Cristóbal Papendieck, decano de Medicina, fue elegido presidente de la asociación civil, y el decano de Abogacía, Carlos Greco, fue nombrado rector. Pero algunas contradicciones internas llevaron a Greco a renunciar al poco tiempo y se nombró en su lugar a Papendieck, quien dejó la presidencia de la asociación civil. En mayo de aquel 1975 me eligieron presidente de la asociación a mí.

Pocos meses después, una huelga de hambre de alumnos de la facultad de Ciencias Sociales desató un conflicto y Papendieck renunció al rectorado. Dice Piñón:

> En ese momento se resolvió que yo, como presidente de la asociación civil, me hiciera cargo del rectorado. Por esos días, Bergoglio estaba fuera del país, de modo que no tuvo nada que ver con el nombramiento. Para solucionar el conflicto de la huelga de hambre, luego de consultar con la cúpula de la CGT y con el entonces ministro de Economía Antonio Cafiero, nombré al compañero Oscar Reali como decano de Ciencias Sociales. Recién en mayo de 1976 se realizó el procedimiento previsto de elevar una terna de candidatos y allí quedé formalmente elegido. Pero desde el momento en que asumí la responsabilidad del cargo, me apoyé en mis compañeros de Trasvasamiento intentando mantener una política abierta a otros sectores. Así, de a poco, como alguna vez señaló Alicia Oliveira, la Universidad del Salvador se convirtió en un espacio de contención y protección de muchos compañeros que tenían vedada su participación en la universidad pública.

Los nombres de aquellos intelectuales relegados hablan por sí solos: Ricardo Levene, que había sido echado de la Suprema Corte de Justicia (cargo para el que lo había designado el general Juan Domingo Perón), fue nombrado decano de Abogacía, lo que costó duras críticas de los sectores más antiperonistas de Derecho. Entre los profesores que acogió la Universidad del Salvador figuraban muchos provenientes de cátedras nacionales y de otras experiencias universitarias, vinculados a la militancia, como Horacio González, Juan Carlos Tedesco, Fernando Álvarez (hermano de Chacho), Carlos *Cao* Cullen, Gunnar Olsson, Alcira Argumedo, Jorge Domínguez, Eduardo Curia, César Sánchez Aizcorbe, Luis Norberto *Croqueta* Ivancich, José Octavio *Pilo* Bordón, Luis Macaya, Jorge Cavodeassi, Amelia Podetti y Eugenio Zaffaroni.

Uno de ellos, el filósofo Cao Cullen, que integraba el grupo Filosofía de la Liberación junto a Rodolfo Kusch, recuerda: «Cuando ocurrió el golpe militar, no sabíamos qué hacer, dónde reunirnos. Necesitábamos algún tipo de protección, y no era sencillo encontrarla en ese momento. Entonces organizamos varias jornadas amparados por la Universidad del Salvador, que hasta los años 1978-1979 fue nuestro paraguas».[64]

El profesor Enrique Mases, docente e investigador de la Universidad Nacional del Comahue, también aporta su testimonio para este libro: «En 1976 yo era adjunto de la cátedra de Historia en la Facultad de Ciencias Sociales y formaba parte de un grupo grande de compañeros vinculados a la Tendencia y a la JP Lealtad. El titular de mi cátedra era Fernando Álvarez. Piñón llamó a Fernando y le ofreció que fuéramos todos a dar clases a la USAL, lo que significó tener un espacio de contención desde donde seguir nuestra tarea docente».

La presión de un dictador

Los integrantes de Trasvasamiento y Guardia de Hierro que quedaban, con una estructura reducida desde antes del golpe de Estado, desarrollaron una estrategia para proteger a sus cuadros. Aun así, la represión clandestina secuestró e hizo desaparecer a varios de sus militantes. Incluso Alejandro *Gallego* Álvarez, referente y fundador de Guardia de Hierro, fue detenido y torturado y tuvo que salir por un tiempo del país.

La estrategia de protección, que había sido ideada por Álvarez, incluía una especie de control de la actividad política por parte de la Marina a través del capitán retirado Carlos Bruzzone, cuyos hijos Hernán e Inés eran militantes de la organización. Sirve aclarar que su tercera hija, Marcela, militante del ERP, terminó desaparecida en Campo de Mayo. Así que la protección que brindaba el capitán tampoco era tan absoluta.

El almirante Emilio Massera, miembro de la Junta Militar junto a Jorge Rafael Videla y Orlando Ramón Agosti, tenía pretensiones políticas y soñaba con convertirse en el nuevo Perón. Massera jugaba una estrategia de seducción hacia el peronismo, que incluía diálogos con sectores gremiales y políticos, vínculos con la colonia de exiliados, intentos de acuerdos con Isabelita y con Montoneros e incluso su delirio mayor: mantener vivos en la ESMA a un nutrido grupo de montoneros secuestrados a los que esperaba convertir en tropa propia.

En ese marco, recuerda Piñón que en un momento lo convocó el Gallego Álvarez, jefe del sistema político del que formaba parte, para comentarle que había que hacer un gesto que le estaban exigiendo desde el entorno de Massera. Era el mes de noviembre de 1977. El diálogo que recuerda Piñón hoy parece inverosímil.

—Cacho, me vinieron a ver de la Marina los que trabajan en la proyección política de Massera —dijo el Gallego—. Quieren darle un barniz intelectual, universitario, y para eso me piden que le entreguemos un doctorado *honoris causa*.
—¡Vos estás loco! —respondió Cacho—, eso es imposible en esta universidad. Acá casi hay que ser Premio Nobel para obtener un doctorado así.
—Dejate de joder —se endureció—. Los marinos nos están apretando fuerte y hay que hacer lo que piden.

«Yo tenía veintisiete años y entendí que no había mucho margen de discusión. La decisión estaba tomada», recuerda Piñón.

Se sentaron a pensar una salida y propusieron inventar la cátedra de Estudios Oceánicos Yves de La Brière, e invitar a Massera a abrirla como profesor honorario. De La Brière había sido un teólogo jesuita francés fallecido en Argentina en 1941. Los marinos no captaron la diferencia entre una y otra distinción y aceptaron de inmediato. Cuenta Piñón:

El acto lo hicimos en un colegio que no pertenecía a la universidad. Allí fueron solamente los compañeros que sabían de qué se trataba. Estuvo presente el padre viceprovincial y los decanos de las facultades. Hice un discurso yo, otro Massera y allí se terminó todo. Bergoglio no fue al acto. Por supuesto que estaba enterado de lo que íbamos a hacer y, aunque no compartía la iniciativa, creo que entendió nuestras razones. Era una maniobra de protección, de supervivencia de los muchos que en «el exilio interior» seguíamos viviendo, estudiando, trabajando en el país en plena dictadura. Si entregar un rollito de cartulina pintada servía para salvar la vida de algún compañero o aliviar condiciones de detención de otros… bueno, yo me hago cargo de las críticas.

Quien por entonces era adjunto en la cátedra de Ciencias Sociales, Mariano Garreta, exmilitante de la JP Lealtad, también recuerda aquel momento: «Se conoció muy poco. Fue un hecho casi privado, que no se promocionó ni entre los docentes ni entre los alumnos. Cuando preguntamos el motivo de la resolución, nos dijeron que era el precio a pagar para que no nos agarraran uno por uno. Nadie cuestionó nada».

«Bergoglio me advirtió que no volviera»

En octubre de 1969, el jesuita sevillano Francisco de Paula Oliva, debido a la postura crítica que tenía al asesorar a grupos juveniles y movimientos sociales, fue expulsado de Paraguay por la dictadura del general Alfredo Stroessner y se vio obligado a refugiarse en Argentina, donde lo recibió el entonces superior provincial de la Compañía de Jesús, el padre Ricardo O'Farrell S. J.:

> Si bien el anterior provincial me había dejado trabajar con los paraguayos, Bergoglio me confirmó. Yo era prácticamente el único extranjero que estaba en Buenos Aires con los jesuitas y muchas cosas las tenía que tratar con él. Nuestra relación era muy buena, tanto que él quería que yo me encargara de las vocaciones. Lo que pasa es que yo prefería acabar la obra con los paraguayos y otros migrantes, como los chilenos, los bolivianos y los uruguayos. Recuerdo que cada año que estuve llevábamos a los paraguayos a una casita cercana a Mar del Plata para que conocieran el mar. Era algo grandioso para ellos y, mientras tenían sus vacaciones, colaboraban con la casita, por ejemplo, construyendo otras habitaciones. Durante el gobierno de Cámpora logramos los papeles para muchos paraguayos y otros extranjeros, para que pudieran vivir dignamente, con documentos. Logramos ayudar a unos noventa mil extranjeros, y eso era un trabajazo enorme. En 1978, gracias a Bergoglio, me libré de que el Ejército me quitara del medio. Por entonces, me invitaron a ir a Inglaterra para tener una reunión con los obispos anglicanos, pero la policía no me dejaba salir. Bergoglio fue conmigo y logró que saliera. En la víspera de mi regreso al país, el Ejército fue a buscarme, desconociendo que estaba en el exterior. Ese desentendimiento y su aviso me libraron de la muerte, porque Bergoglio me avisó que no volviera al país.[65]

El padre Oliva siguió su tarea pastoral en Ecuador y en la Nicaragua sandinista hasta que Andrés Rodríguez Pedotti, primero presidente de facto y luego constitucional de Paraguay, lo invitó a regresar.

Oscar Virginillo, en los años setenta un joven militante cristiano en Villa Independencia, recuerda su vínculo con el padre Oliva:

Yo egresé como guardiamarina de la reserva en Ensenada, Río Santiago, provincia de Buenos Aires, en 1972. Era una forma de hacer el secundario. De mi promoción hay siete compañeros desaparecidos o caídos. En 1973 me acerqué a las Jornadas de Vida Cristiana, que eran una versión de los cursillos de cristiandad. Pronto surgieron contradicciones entre quienes tenían una visión conservadora y quienes teníamos una visión volcada al compromiso con el pueblo. El Tano Di Camillo había encontrado una parroquia cerca de la estación José León Suárez, la Inmaculada Concepción, donde trabajaba un curita de veintinueve años, Carlos de Dios Murias, un tipo muy formado. Su pensamiento era ser fermento en la masa, vincular la fe con la justicia. Con él comenzamos a realizar trabajo social y catequesis en Villa Independencia, una villa con mayoría de inmigrantes paraguayos. Llevamos adelante una militancia muy intensa, años 1974, 1975. Algunos compañeros del grupo se comprometieron cada vez más políticamente y empezaron a militar en Montoneros. A fines de 1975, nos invitaron a un par de reuniones de Cristianos para la Liberación. Era algo muy gregario, iban distintos grupos. Murias no participaba. Al único cura que recuerdo es al padre Jorge Adur. A fines de 1975, Murias se fue a La Rioja a trabajar en la Pastoral Social de Angelelli. Era su proyecto de vida, pero pocos meses después fue cruelmente asesinado junto al padre Gabriel Longueville. La cuestión es que cuando Murias se fue, dejó el grupo a cargo de los padres Francisco Oliva y Mario Leonfanti. Oliva estuvo al frente de la Pastoral de Migraciones Paraguaya. Uno de los muchachos de aquel grupo, Luis Lucero, fue a trabajar como docente de lengua a la ESMA, ya que también era guardiamarina. Él ya militaba en Montoneros, y en 1976 descubrió que había prisioneros en la ESMA. Con la ayuda de Alberto Cazzulo hizo un plano del lugar, que pasó a la Organización. Supuestamente, ese plano lo encontraron en algún allanamiento. Luis Lucero cayó el 4 de noviembre de 1976, y Alberto Cazzulo, Augusto Lenzi y Enrique Corteletti, el 22. Los cuatro militaban en Montoneros. Recuerdo que, un mes después, Claudio Logares, que estaba clandestino, me dio una cita con muchas medidas de seguridad. Allí me contó que había roto con la organización Montoneros y que estaba decidido a salir del país. Me dijo: «Cayeron Luis, Alberto, Enrique. El próximo sos vos, rajate». Mi viejo me puso en un avión a Perú y un mes después me embarqué a Europa. Pero mi lugar estaba acá y en febrero de 1977 volví a Buenos Aires. Nos reunimos de nuevo en la casa del padre Oliva pero ya no fuimos más a la villa. Por esos días, Bergoglio le dijo al padre Francisco que se tenía que ir. Oliva le contestó que iría a Paraguay, pero el provincial le pidió que se fuera a Europa. Recuerdo que él mismo lo acompañó a sacar el pasaporte. Un tiempo después conocimos a don Jaime de Nevares y con el Tano, su esposa Cristina, el chileno Muñoz, su esposa Liliana y Begoña Ayarza nos vinimos a Neuquén.

Los que pueden contarlo

El periodista italiano Nello Scavo, indignado por la feroz campaña contra Francisco, en 2013 publicó *La lista de Bergoglio* —parafraseando el título de la celebrada película *La lista de Schindler*—, donde rescata la voz de personas que fueron protegidas por Jorge Mario durante la dictadura. Scavo finaliza su libro con la enigmática respuesta de algunos viejos amigos de Bergoglio, que le indicaron: «Ahora te toca a ti descubrir el resto de la historia...». El enigma tiene su origen en la respuesta que el por entonces cardenal Bergoglio dio a su portavoz de prensa, Federico Wals, cuando este le preguntó por qué no había dicho nada sobre todos aquellos a los que había salvado y protegido durante la dictadura cuando declaró por la megacausa ESMA. «No debo ser yo quien lo cuente, son ellos quienes deben contarlo...», había respondido entonces.[66]

Citado como testigo en 2010, Bergoglio soportó un duro y humillante interrogatorio por parte de los jueces Daniel Obligado, Germán Castelli y Ricardo Farías y los abogados querellantes Luis Zamora y Myriam Bregman, quienes en todo momento intentaron llevarlo al lugar de imputado. Nunca nombró a nadie. Y salvo algunos pocos casos que aparecen en el libro *El Jesuita*, el resto se van conociendo poco a poco, por boca de testigos o de los propios protagonistas. Algunos de los muchos protegidos por Bergoglio no han hablado porque consideran imprudente valerse de su vínculo con él, o porque decidieron clausurar esa parte de su pasado y no quieren revivirlo de ninguna manera. Otros tantos porque simplemente no se enteraron de que fue el actual Papa quien los ayudó en aquel momento.

Alfredo Somoza, presidente del Instituto de Cooperación Económica Internacional de Milán, fue uno de ellos cuando era estudiante de Historia de la Universidad del Salvador de Buenos Aires durante la dictadura. Y así lo recordó:

A Francisco no le gusta hablar de todo esto, en gran medida porque las buenas obras se hacen, pero no se cuentan. Por muchos años, los que vivimos esa experiencia decidimos mantenernos en silencio. Fue un pacto que no hubo necesidad de firmar. Aunque a Bergoglio no le gusta definirse como un héroe ni que nadie lo piense así, hay que decir que hizo lo que pudo contra el totalitarismo, arriesgando su vida, gracias a su prestigio, a sus conocimientos y a los recursos de los que disponía por ser Superior de los jesuitas.[67]

En 2016 se estrenó por Netflix la serie biográfica *Llámame Francisco*, que relata la historia del Papa desde su juventud en Buenos Aires hasta su nombramiento como el máximo obispo de Roma y cabeza visible de la Iglesia católica. La serie muestra a un cura algo burocrático, muy mesurado, exageradamente prudente, temeroso, que solo presta ayuda a unos pocos, a quienes por amistad y/o por su condición de buen samaritano no podía negarse. Pero en realidad se trata de una visión parcial de la historia, ya que asumió riesgos que pocos se animaron a tomar en esos momentos.

Quienes conocieron el temor de ser identificados por el digicom[68] de la Policía Federal, de figurar en una libreta de direcciones equivocada, de cruzarse en la calle con un conocido que estuviera vigilado, saben que no se puede juzgar livianamente lo que hizo o dejó de hacer un simple cura llamado Jorge Bergoglio. Un sacerdote que no era militante revolucionario ni dirigente partidario, sino apenas un religioso dedicado a conducir y administrar una estructura compleja como la Compañía de Jesús. Un hombre al que nada obligaba a ocuparse de la suerte de militantes, con quienes, en muchos casos, disentía en pensamiento y acción y, sin embargo, lo hizo. Así lo reconoció el Premio Nobel de la Paz por su defensa de los Derechos Humanos Adolfo Pérez Esquivel en el prólogo del libro de Scavo: «El entonces provincial de la Compañía de Jesús, Jorge Mario Bergoglio, contribuyó ayudando a perseguidos y se empeñó en obtener que los sacerdotes de su orden secuestrados fueran puestos en libertad».

Golpes en la puerta

El arquitecto Carlos María Zavalla escuchó la anécdota de boca de un sacerdote jesuita muy amigo suyo que prefirió no revelar su nombre —y que aquí pasará a llamarse padre Alfredo— y decidió contarla: «Eran los años de la dictadura y el padre Alfredo, en su parroquia de San Miguel, tenía escondidos a dos jóvenes que eran buscados por los militares. Una noche muy tarde oyó golpes en la puerta y se levantó sobresaltado pensando que era la policía. "Abrime, soy Jorge", escuchó del otro lado. Cuando abrió la puerta entró el provincial como una tromba:

»—Decime, ¿vos tenés escondidos a dos muchachos acá adentro?

»—Sí...

»—¿Sos boludo? ¿Cómo no me avisaste? Bueno, pero teneme al tanto, yo tengo que saber por cualquier cosa que pase.

»Los jóvenes siguieron allí hasta que pudieron encontrar una salida».[69]

10

Poder y desaparición

Cara a cara con Videla

A estas alturas parece innecesario seguir dando explicaciones, ya que si Bergoglio protegió y ayudó a tanta gente a la que ni siquiera conocía, cabe preguntarse por qué razón actuaría de modo diferente con dos sacerdotes de su orden, con quienes además había tenido un trato personal muy cercano. Sin embargo, como las acusaciones en torno al secuestro de los sacerdotes jesuitas Orlando Yorio y Francisco Jalics han sido el eje de las críticas a Jorge Bergoglio y se han volcado ríos de tinta al respecto, mucha gente todavía necesita tener una respuesta.

La primera versión acusadora que se lanzó fue: «Bergoglio los entregó». Más tarde, cuando no había evidencias para sostenerlo, la acusación mutó a «No los protegió», que es muy diferente a denunciar o entregar.

Pero reflexionemos: ¿cuál era la protección ante una dictadura que secuestraba a madres y a monjas a la salida de una misa, asesinaba a sacerdotes dentro de una capilla o fraguaba accidentes para matar obispos? Incluso hubo padres que llevaron a sus hijos a presentarse ante un militar «amigo» y estos desaparecieron.[70] «No los protegió» es una acusación tan genérica que podría aplicarse al 99 por ciento de los amigos y familiares de cada desaparecido. Y, como quedará claro en este capítulo, no solo hizo todo lo posible por cuidarlos, sino que cuando cayeron en las garras del terror movió cielo y tierra hasta que fueron liberados sanos y salvos. Pero hemos tenido que escribir un libro para explicarlo.

Contacto con el mundo exterior

Recordemos que el formato de la Compañía de Jesús remite a cierta organización militar, comenzando por su nombre. Se trata de una estructura piramidal en cuyo vértice está el general de los jesuitas, que solo recibe órdenes del Papa, y cuyo principio básico es la subordinación. Ya mencionamos la *Carta acerca de la obediencia*, de san Ignacio. La Compañía es una institución muy rígida en sus normas y disciplina y, en un sistema de esta naturaleza, los conflictos con las jerarquías siempre son complejos.

En 1970 un grupo de alumnos y profesores encabezados por Yorio y Jalics se trasladaron a una comunidad de base en Ituzaingó, en la zona oeste del Gran Buenos Aires, a vivir una experiencia vanguardista de compromiso político, en la que no existían las jerarquías. El provincial Ricardo

O'Farrell, anterior a Bergoglio, ordenó el cierre y destinó a Yorio al CIAS. En 1972 Yorio logró convencer a O'Farrell de que autorizara la creación de una nueva comunidad, junto a Francisco Jalics, Luis Dourron, Enrique Rastellini y Luis Casalotto, y a mediados del año siguiente, al asumir Bergoglio el cargo como provincial, aprobó la misión.[71]

Leandro Pastor, quien participó de la comunidad de base de Ituzaingó, recuerda esos días:

> Para nosotros salir del claustro del seminario y pasar a vivir en una casa común integrados al medio era una experiencia liberadora en todo sentido. Lógicamente, ponía a prueba nuestra vocación sacerdotal. Éramos como diez en esa casa; todos trabajábamos y cobrábamos un sueldo, que por poco que fuese, al aportar a un fondo común, era un montón. Imaginate que antes debíamos pedir dinero y permiso al Superior hasta para salir a comprar caramelos mientras que aquí vivíamos en total libertad. Los sábados la casa se llenaba de amigos, y claro, también venían chicas, todo en un marco de mucho respeto. Esto nos ponía en contacto con el mundo exterior. Y es cierto que una gran mayoría terminamos volviendo al estado laical. Yorio y Jalics, Dourron, Cravenna, Li, siguieron como sacerdotes; pero Ignacio Bertrán, César Romeo, Juan Wille, Jorge Llambías, José Luis Lorenzatti y alguno más que no recuerdo, nos fuimos. Claro que a Jorge, recién llegado a provincial, esto no le produjo ninguna simpatía. Al contrario, él era un pastor y veía que estas comunidades de base eran la «tranquera abierta» por donde se escapaban sus ovejas.

En ese momento, uno de los problemas que afrontaba la Compañía era la disminución de vocaciones y el cambio al estado laical de muchos sacerdotes. A comienzos de los años sesenta la provincia jesuítica tenía más de cuatrocientos jesuitas, entre ellos cien en formación. En 1973 se habían reducido a doscientos cuarenta y tres, y solo nueve en formación. Desde Roma el general de la Compañía, Pedro Arrupe, había impulsado fuertemente una corriente progresista de adhesión a los principios del Concilio Vaticano II, pero comenzaba a observar que muchos jesuitas abandonaban la vida religiosa para sumarse a la militancia política comprometida. También vislumbraba los tiempos de violencia que se avecinaban y el riesgo que eso significaba. A esta visión general del padre Arrupe respecto a América Latina y Argentina se debe agregar el caso particular de las amenazas de los grupos de ultraderecha, que se referenciaban en la Triple A, contra la Compañía de Jesús en general y algunos jesuitas en particular.

Comenzó entonces una política para modificar el rumbo de la Compañía. Entre las nuevas medidas, se clausuraron estas experiencias de comunidades de base y los sacerdotes regresaron a vivir a las residencias de la orden. Se alentó y mantuvo el trabajo con los pobres en villas y sectores campesinos, pero con un mayor control y más contención de la Compañía a la vez que se ofrecía una mayor seguridad a los jesuitas que podían estar en la mira de algún grupo represivo.

Por supuesto, este tipo de cambios trajo debates y conflictos dentro de la institución. Muchos sacerdotes, como fue el caso de Yorio y Jalics, los consideraron un error y se opusieron. A fines de 1974 Bergoglio les comunicó la decisión de disolver la comunidad de base, pero autorizó a Yorio a viajar a Roma a exponer ante el general sus argumentos en contra. La decisión final de Arrupe tardó un año en llegar.

Mientras tanto, Yorio, Jalics y Dourron se mudaron a una casa del barrio Rivadavia en el Bajo Flores y comenzaron a esbozar la idea de crear una nueva comunidad religiosa más horizontal, sin esquemas jerárquicos. Entregaron el borrador a los obispos Eduardo F. Pironio, Vicente F. Zazpe y Mario Serra.[72]

En febrero de 1976 Bergoglio recibió por escrito la orden de Arrupe de disolver la comunidad y trasladar a los jesuitas a las residencias. Era una decisión drástica: de no acatarse, debían retirarse de la Orden. En los fundamentos del fallo Causa ESMA se leía:

> Bergoglio manifestó que la comunidad del barrio Rivadavia se disolvió por una política de reordenamiento de la provincia argentina, donde las pequeñas comunidades se disolvían para fortalecer obras puntuales, colegios, residencias y misiones. Que en esa época existían ocho pequeñas comunidades y se fueron redistribuyendo jesuitas. Pero eso no implicaba dejar de trabajar en la Villa 1-11-14. Aclaró que redistribuir significaba trasladar a los sacerdotes para fortalecer otras comunidades que estaban débiles. Que, ante esto, los padres decidieron presentarse al Superior con el objeto de que no se disuelva esa comunidad; lo que significa que, cuando les dan una orden con la que no están de acuerdo tienen el derecho, según el voto de obediencia, de exponer los motivos por los cuales no la consideran con-

veniente. Que si bien pasó a estudio, igualmente se resolvió que se disolviera, proceso que duró un año y medio, en el que intervino el padre general.

Por supuesto, esto no fue bien recibido por Yorio y Jalics, que finalmente aceptaron irse al clero diocesano, es decir, abandonar la Compañía y pasar a depender de un obispo. La autorización para Yorio llegó el 19 de marzo de 1976, pero la de Jalics tardó un tiempo más porque había realizado el cuarto voto. Cuando un sacerdote abandona la orden, necesita «incardinarse» (obtener la autorización de un obispo para ocupar un lugar en su diócesis). El padre Dourron fue aceptado enseguida por el obispo Miguel Raspanti, de Morón. Pero Yorio y Jalics comenzaron un peregrinaje en busca de un obispo que los aceptara. En ese lapso, al no tener obispo, monseñor Juan Carlos Aramburu les quitó la autorización para decir misa, pero Bergoglio se las ingenió para que pudieran continuar haciéndolo normalmente. Dos meses después, el 23 de mayo, fueron secuestrados.

Cristianos en la noche

Flora Castro y Ernesto Salas publicaron en 2011 una biografía y compilación de escritos del que fue un importante dirigente montonero, Norberto Habegger, secuestrado y desaparecido en Brasil en 1978. En el libro se lee lo siguiente:

Durante la segunda mitad de 1975, a partir de una nueva iniciativa de Norberto, Montoneros fue tejiendo la red de lo que sería un nuevo frente de la organización, Cristianos para la Liberación. Conformada por sacerdotes y laicos, se proponía superar las críticas que separaban a algunos cristianos de la política montonera luego del asesinato del padre Carlos Mugica. También buscaba reagrupar a los militantes dispersos tras las crisis del Movimiento de Sacerdotes del Tercer Mundo, que había sido por años el agrupamiento de los cristianos comprometidos. Si bien la iniciativa correspondió a Habegger, el grupo fue coordinado en su primera etapa por el joven cura Pablo Gazzarri. [...] Participaron en Cristianos para la Liberación los sacerdotes Jorge Adur, Vicente Adamo, Emilio Neira, Carlos Bustos, Joaquín Carregal, Orlando Yorio, y seminaristas como el palotino Salvador Barbeito.[73]

El 30 de diciembre de 1975, el diario *La Opinión* titulaba «Vuelven los Tercermundistas»: «Una jornada de oración y reflexión se efectuó en la Parroquia de Nuestra Señora de la Salud, en el barrio porteño de Versalles. El acto fue convocado por un movimiento denominado Cristianos para la Liberación. Alrededor de trescientas personas, en su mayoría jóvenes, participaron en el encuentro, que concluyó con un oficio religioso a cargo de los sacerdotes Joaquín Carregal y José Romero. Se distribuyó un documento con las ideas y fundamentos de los promotores».

Es indispensable situarse en la época; de lo contrario, parecería que trescientos jóvenes hubieran aceptado exponerse livianamente en un evento público organizado por Montoneros, donde seguramente habría muchos miembros de los servicios de inteligencia tomando notas y fotografías de los participantes. Carlos Di Camillo, uno de esos jóvenes, recuerda: «Nuestro grupo no coincidía con la lucha armada, pero igual participábamos de esos encuentros, que eran convocados boca a boca entre la militancia cristiana. Desconocíamos en ese momento que tuviesen que ver con la organización Montoneros. Incluso recuerdo que algunos se hicieron después del golpe y fuimos. Ahora suena loco, pero vos viste cómo fueron los primeros meses de la dictadura... parecía que no pasaba nada».[74]

Recordemos que la organización Montoneros estaba estructurada en distintos niveles. Para simplificar, podemos pensar en una cebolla, donde en el centro se encuentra la dirección y en el exterior los frentes de superficie. La técnica represiva consistió en capturar y torturar primero a los jóvenes que hacían trabajo político en escuelas, barrios y universidades. Por eso, durante los primeros meses, la mayoría de los desaparecidos pertenecían a la Juventud Universitaria Peronista, la Unión de Estudiantes Secundarios y otros frentes. Y a partir de la información que obtenían seguían el hilo hacia el centro de la organización, capturando a los distintos niveles hasta llegar a los jefes.

A partir de la información de *Uno por uno*, de Roberto Baschetti, y otras fuentes, se puede reconstruir la secuencia de secuestros y desapariciones de gran parte del grupo Cristianos para la Liberación (CPL), de la que serían víctimas los jesuitas Orlando Yorio y Francisco Jalics.

El 23 de abril de 1976, mientras circulaban en una camioneta Chevrolet, fueron detenidos en un control militar los montoneros Luis Roberto, de treinta y cuatro años, y Norberto Morresi, de diecisiete. Llevaban ejemplares del *Evita Montonera* a la parroquia de la villa del Bajo Flores, donde hacían trabajo social. Ambos fueron asesinados a las pocas horas.

Es posible que entre los destinatarios de la publicación estuviese el grupo de catequistas que trabajaba con los jesuitas Yorio y Jalics en el Bajo Flores en el llamado Proyecto Belén. Según Baschetti, «el grupo del Proyecto Belén realizaba tareas de promoción humana, social, religiosa y política en la Parroquia Santa María Madre del Pueblo, del Bajo Flores». Varios eran exalumnos de Nuestra Señora de la Misericordia. En ese colegio estaba la exmonja Mónica Quinteiro. Se presume que Mónica, por ser la de mayor edad y militancia, era la más comprometida con Montoneros.[75]

El 14 de mayo de 1976, son secuestrados siete integrantes del grupo Proyecto Belén. La primera, a las 0.30 horas, fue María Esther Lorusso (que daba albergue a Mónica Quinteiro, a quien no encontraron). En las horas siguientes fueron secuestrados Horacio Pérez Weiss y su mujer, Beatriz Carolina Carbonell; César Amadeo Lugones y su mujer, María Marta Vázquez Ocampo, y Mónica María Candelaria Mignone. Mónica Quinteiro fue detenida a las dos de la tarde en su trabajo.

Los sacerdotes Yorio y Jalics habían sido advertidos por el padre Rodolfo Ricciardelli, párroco en la Villa 1-11-14, y por su provincial Jorge Bergoglio, sobre el riesgo al que estaban expuestos tras el golpe del 24 de marzo y la conveniencia de aceptar el ofrecimiento de mudarse al Colegio Máximo. El 23 de mayo, diez días después del secuestro de los integrantes del Proyecto Belén, la Marina los secuestró a ambos junto a un grupo de catequistas del barrio, quienes fueron liberadas al día siguiente. Cinco meses después, el 23 de octubre, un día antes de la Conferencia Episcopal, Yorio y Jalics fueron liberados en un campo en Cañuelas, provincia de Buenos Aires.

Según declararon años después, ambos jesuitas fueron sometidos a un interrogatorio que giró en torno a las actividades de Mónica Quinteiro, Marta Vázquez y el padre Jorge Adur. También declararon que los dos seminaristas asuncionistas amigos de Adur, Carlos Di Pietro y Raúl Rodríguez, habían estado prisioneros en el mismo lugar.

Jorge Adur estaba vinculado a la Columna Norte de Montoneros.[76] Realizaba su trabajo en la Parroquia Nuestra Señora de la Unidad, en La Lucila, y en la capilla Jesús Obrero, de Villa Manuelita. En junio lo fueron a buscar a Villa Manuelita y allí secuestraron a los dos seminaristas que vivían en la capilla, Di Pietro y Rodríguez. Adur lograría escapar de la redada y, tras refugiarse unos días en la casa de su amigo Mamerto Menapace, tomó la decisión de exiliarse. Gracias a un acuerdo entre Pio Laghi y Massera se le permitió viajar a Francia. En 1981 fue designado capellán del Ejército Montonero, regresó al país y fue secuestrado y asesinado.

Durante 1976 fueron secuestrados y asesinados cuarenta militantes de CPL, incluyendo a sus jefes, los sacerdotes Pablo María Gazzarri y Carlos Bustos. En 1977 desaparecieron trece militantes más; en 1978 se registraron cinco secuestros, entre estos el de su último jefe en el país, el «subteniente» montonero Adolfo Nelson Fontanella, y el del creador de CPL, Norberto Habegger, que fue secuestrado en el marco del Plan Cóndor.

Tiempo de desierto

En este contexto se produjo el secuestro de los dos seminaristas de la Orden Asuncionista. Cabe aclarar que, a diferencia de los jesuitas, era una orden muy pequeña, que en ese momento no superaba la veintena de sacerdotes. Su provincial era el padre Roberto Favre, y Jorge Adur estaba a cargo de los seminaristas.

Adur quería salir de la zona de clase alta (Olivos y San Isidro) y buscó acceder a la capilla Jesús Obrero, en Villa Manuelita, que era atendida por los jesuitas. El provincial Bergoglio, con quien tenía buena relación, lo autorizó a hacerse cargo de ella.

Los asuncionistas compraron una casa cercana para albergar a sus seminaristas y allí fueron a vivir Carlos Di Pietro, Raúl Rodríguez, Luis Ramón Rendón y Paul Smolder. Otros que habían pasado por Olivos y no llegaron a instalarse fueron Juan Isla Casares, Rodolfo Martínez y Gerardo Burton, a pesar de lo cual iban a visitar la vivienda y mantenían una relación de amistad con sus excompañeros.

Si bien el padre Jorge Adur militaba dentro de la organización Montoneros, en Villa Manuelita mantenía un perfil exclusivamente pastoral. La noche del 4 de junio, cuando fueron a buscarlo, en la casa estaban solo Carlos Di Pietro y Raúl Rodríguez, quienes fueron secuestrados y posteriormente asesinados en la ESMA.

Según relató el padre Roberto Favre:

> Hacia principios de 1976, Carlos y Raúl habían concebido un proyecto que presentaron al Superior regional. Se trataba de un tiempo de «desierto» —como ellos lo llamaban—, entendido como un período de oración y reflexión para buscar la voluntad de Dios y responderle de un modo personal. Tiempo de «desierto» y de soledad eremítica en un lugar apartado del sur patagónico, donde vivirían del cuidado de las ovejas en una de las extensas propiedades rurales. Para los responsables de la congregación, no resultaba claro el porqué de tal proyecto [...]. A pesar de algunos aspectos inciertos, se les autorizó un retiro por tres meses.[77]

Jalics declaró en la Causa ESMA que, en un retiro espiritual, los seminaristas Di Pietro y Rodríguez le habían contado que estaban en conflicto con Adur porque ellos querían dedicarse al estudio y no involucrarse en cuestiones políticas. Volvió a verlos en la casa operativa en la que estuvo secuestrado con Yorio. El padre Favre, por su parte, dijo:

> El Superior regional es avisado de los hechos por vecinos del lugar. Inmediatamente se pone en contacto con el señor obispo de San Martín para informarle de lo acontecido [...]. Frente a la gravedad de los hechos y sus posibles consecuencias, se realiza una gestión ante la Nunciatura Apostólica, tendiente a asegurar la protección del padre

Adur. El lunes 14 de junio, el Superior regional se entrevista con el señor presidente de la Conferencia Episcopal Argentina, cardenal Raúl F. Primatesta [...]. El señor cardenal se muestra preocupado por los hechos que se le refieren, recibe informes escritos y asegura que se hacen gestiones ante las autoridades.

El Superior regional ha interpuesto recurso de *habeas corpus* ante el Juzgado Federal n.º 3 de la ciudad de San Martín, a favor de los Hnos. Di Pietro y Rodríguez. Fue presentado ante el Ministerio de Defensa Nacional y la Policía Federal. Entre tanto, ciertas personas nos informan que los Hnos. Di Pietro y Rodríguez fueron detenidos y estarían en dependencias de la Marina, aunque nunca pudo comprobarse la exactitud de estas informaciones, que permanecen como dudosas.

Respecto del padre Jorge Adur, el informe del Superior regional agrega que ha viajado a Roma [...] el martes 20 de julio y su salida del país no registró inconvenientes de ninguna naturaleza. Pero es de hacer notar que en todo momento se contó con la preocupación del señor Nuncio Apostólico, monseñor Pio Laghi, quien lo hizo conducir hasta el aeropuerto en su automóvil, acompañado por personal de la Nunciatura, después de haber gestionado personalmente el otorgamiento del pasaporte al mismo. Vista la ausencia de respuesta satisfactoria de parte de las autoridades, el Superior regional ha reiterado la presentación del recurso de *habeas corpus* sin resultado positivo, pero recibiendo respuestas verbales que parecían sugerir que no se ocupe más del asunto. Más tarde, el 28 de junio de 1984, el P. Vicente De Luca denunció el caso ante la Comisión Nacional presidida por el escritor Ernesto Sabato, que investigó la desaparición de personas en la Argentina (Exp. n.º 2244).

Por todos los testimonios, está claro que ninguno de los dos seminaristas era militante, que sentían estar en peligro y que planeaban un retiro en el desierto patagónico cuando fueron secuestrados. En sus declaraciones, el padre Orlando Yorio refirió que había sido interrogado sobre el paradero de Adur y que pudo reconocer que ambos seminaristas habían permanecido en el mismo lugar de detención que él. El padre Favre informó que Jorge Adur salió del país con la protección del nuncio Pio Laghi.

Cabe preguntarse por qué razón Carlos y Raúl fueron mantenidos cautivos y luego asesinados si no tenían mayor información para dar, ya que no pertenecían a ninguna organización armada. Sin embargo, la respuesta a esa pregunta es una de las treinta mil respuestas pendientes.

¿Se podrá decir que el provincial de la Orden Asuncionista no los protegió? ¿Que no hizo lo suficiente para salvarlos? ¿Y quién protegía al padre Favre, cuyo domicilio había sido allanado y era objeto de permanentes seguimientos y controles?

Obviamente no se puede ni se debe arrojar ningún manto de duda sobre la conducta del padre Favre, quien vive y relató estos hechos. El padre Favre, el padre Bergoglio, muchos sacerdotes más y tantas familias de desaparecidos hicieron lo que pudieron ante un omnímodo poder militar que no vaciló en torturar y asesinar incluso a los hijos de sus propios camaradas.

Las gestiones de Bergoglio

El provincial Jorge Bergoglio se movió intensamente para rescatar con vida a los jesuitas Yorio y Jalics. Lo primero que hizo fue informar de inmediato a las autoridades de la Iglesia: a monseñor Aramburu, al nuncio Pio Laghi y al general Arrupe. Y, al mismo tiempo, hizo su propia búsqueda.

Todas las informaciones que recibía lo llevaban a una certeza: Yorio y Jalics habían sido detenidos por un grupo de la Armada. Buscó por medio de distintos contactos y del nuncio una entrevista con el almirante Massera. Logró ser atendido a los pocos días de producido el secuestro. Como hacía en estos casos, Massera tomó nota y dijo que iba a averiguar. Tras dos meses sin novedades, Bergoglio volvió a presentarse ante él y, según su relato, «esta vez la reunión fue muy fea». «Mire, Massera, yo quiero que aparezcan», dijo, se levantó y se fue bruscamente.

También mantuvo dos entrevistas con el presidente de la Junta, el general Jorge Rafael Videla. La primera, en la Casa de Gobierno, donde obtuvo la misma respuesta: «Tomo nota y averiguo». En la segunda ocasión, el joven Bergoglio cometió una osadía. Le pidió al capellán militar Martín González, que iba a dar misa a la residencia del jefe del Ejército en Campo de Mayo, que simulara estar enfermo para ir él a sustituirle y así poder hablar cara a cara con Videla. Y así lo hizo. Videla le volvió a manifestar su promesa de averiguar. Mientras tanto, los sacerdotes permanecían detenidos ilegalmente en una quinta de don Torcuato, perteneciente a la ESMA.

Según puede leerse en los fundamentos de la Causa ESMA:

> Francisco Jalics, por su parte, refirió que un hermano suyo fue a hablar personalmente con Jimmy Carter, quien se encontraba en campaña electoral por la presidencia de los Estados Unidos; que otro de sus hermanos le escribió al Nuncio de la Argentina, monseñor Laghi. Asimismo, que el padre general de los jesuitas gestionó ante el embajador de la Argentina en Roma; que monseñor Serra fue a la ESMA sin poder entrar; y que, monseñor Aramburu habló tres veces con el general Videla. Agregó que el padre provincial Bergoglio habló con el almirante Massera y varios allegados hablaron con diferentes oficiales de la Marina.[78]

Respecto de la liberación de Yorio y Jalics, en la Causa ESMA puede leerse que «como consecuencia de las gestiones efectuadas, entre otros por la orden religiosa a la cual pertenecían los damnificados, y el interés demostrado por la cúpula de la Iglesia católica, durante la noche del 23 de octubre de 1976 fueron liberados luego de ser drogados y trasladados en helicóptero hasta un campo ubicado en la localidad de Cañuelas, provincia de Buenos Aires».[79]

Es totalmente inútil discutir quién los salvó. Como dice Pilar Calveiro en *Poder y desaparición*, «el campo de concentración y las razones para entrar o salir de él pertenecen, por entero, a la lógica concentracionaria de la que el sobreviviente es ajeno. Sin embargo, explicar esta cuestión se convierte en una auténtica pesadilla».[80]

Emilio Mignone escribió alguna vez que hubo pastores

que no supieron cuidar a sus ovejas e incluyó entre ellos a Jorge Bergoglio. Los hermanos de Yorio insistieron en decir que el provincial los desprotegió y no hizo lo suficiente para rescatarlos. Sin embargo, Francisco Jalics, a sus ochenta y cinco años, declaró en 2013: «Fuimos detenidos debido a una catequista, quien primero trabajó con nosotros y más tarde se unió a la guerrilla».

Leandro Pastor, que conoció muy bien a ambos, recordó:

> Jalics tenía un pasado muy duro. Su padre había sido asesinado en Hungría por los comunistas haciéndole comer carne con vidrio por ser el jefe de la Acción Católica. En 1939 fue obligado a pelear en la Segunda Guerra del lado alemán. Volvió muchas veces a la Argentina y se reencontró con Bergoglio, incluso concelebraron misa juntos. A Orlando [Yorio], el padecimiento del secuestro lo afectó mucho. Incluso los últimos años padecía ataques de pánico y una especie de manía persecutoria. Él y su familia nunca se pudieron reconciliar con Jorge.

¿Podría el joven provincial de los jesuitas haber hecho más para pedir por la liberación de estos dos sacerdotes? Viéndolo desde el dolor de las víctimas y sus familiares, tal vez la respuesta sea que no hizo lo suficiente. Desde el lugar de Jorge Bergoglio, tal vez la respuesta sea: «La verdad es que yo también tenía miedo, y a pesar del miedo creo haber realizado todo lo que estuvo a mi alcance en esas circunstancias tan difíciles».

Pero los hechos también refieren una parte sustancial de la verdad: Bergoglio actuó del mismo modo que la mayoría de los padres de desaparecidos en ese momento: intentó llegar a los funcionarios del gobierno para reclamar la libertad de sus hijos.

El segundo hecho es que ambos sacerdotes, finalmente, fueron liberados sanos y salvos.

Hay quienes insisten en que su liberación no se debió a las gestiones de Bergoglio. Sin embargo, los únicos que pueden dar una respuesta más concreta hoy purgan altas condenas por sus crímenes y su palabra carece de todo valor.

La causa

El 20 de marzo de 2013, el padre Francisco Jalics declaró en el diario *La Nación*: «Orlando Yorio y yo no fuimos entregados por el padre Bergoglio. Como ya en mis declaraciones anteriores dejé en claro, fuimos detenidos debido a una catequista, quien primero trabajó con nosotros y más tarde se unió a la guerrilla. Por nueve meses no la vimos más. Dos o tres días después de su detención, fuimos detenidos también nosotros».

Orlando Yorio falleció en Uruguay en 2000, y en ninguna de sus manifestaciones públicas afirmó que Bergoglio hubiera sido responsable de su detención. Lo que sí manifestó fue un profundo disgusto con su provincial, sentimiento que mantuvo hasta su muerte.

El secuestro de Yorio y Jalics respondió a una secuencia de la lógica represiva. Alguno de los militantes del Proyecto Belén habló bajo tortura y llevó a los marinos a secuestrar a los dos sacerdotes. Según el relato de ambos, ellos no fueron sometidos a la picana eléctrica, solo a maltratos y a la inyección de una droga para hacerlos hablar. El interrogatorio al que fueron sometidos siempre giró en torno a la actividad de Mónica Quinteiro, Marta Vázquez y Jorge Adur. Seguramente los represores se dieron cuenta de que el hilo se cortaba allí y que los sacerdotes no tenían más información para entregar. Tal vez el revuelo que generó su secuestro los salvó de un «traslado»[81] rápido y, sin saber bien qué hacer, los militares los mantuvieron cinco meses en el limbo hasta liberarlos en medio del campo. Tuvieron la suerte (que no tuvo el resto del grupo) de salir con vida.

Queda claro que no hubo una denuncia contra ellos. Lamentablemente, cayeron dentro de un engranaje represivo que no reparaba en costos para obtener información. Un aparato al que no le interesaba si los curas estaban incardinados o no, si podían celebrar misa o no, si estaban fuera de la Compañía de Jesús o dentro de la iglesia de San Patricio como los palotinos. La ESMA quería capturar y asesinar al núcleo de Montoneros. Y si para detener a un jefe tenían que matar a treinta personas primero, lo hacían. En el caso del grupo CPL apuntaron rápido a los jefes, de ahí la búsqueda de Adur y los secuestros de Gazzarri y Bustos.

Tampoco se puede explicar su secuestro por el hecho de que trabajaran en la villa. En la villa cercana trabajaban los sacerdotes Rodolfo Ricciardelli y Jorge Vernazza, dos curas muy comprometidos en el MSTM que siempre rodearon a Carlos Mugica. ¿Por qué no los secuestraron también a ellos? Hay una explicación desde la inteligencia represiva. Estos sacerdotes, junto con Mugica, a fines de 1973 habían roto con la conducción de Montoneros y se enfrentaron políticamente a ellos. Sus lazos de contacto estaban quebrados. En cambio Yorio y Jalics aparecían vinculados a CPL, un frente de superficie creado por Montoneros. Eso fue lo que finalmente los convirtió en blanco de la represión.

También otros curas que tuvieron un papel relevante en el MSTM —como Héctor Botán, Luis Ángel Farinello, Eliseo Morales, Domingo Bresci, Alberto F. Carbone, Lucio Gera, Miguel Mascialino, Alejandro Mayol, Miguel Ramondetti, Rodolfo Ricciardelli, Jorge Vernazza, Rubén Dri, José María Serra y Rolando Concatti— sobrevivieron a la dictadura, la mayoría de ellos dentro del país y trabajando en los sectores populares.

Atento a los detalles

Tiempo después de su liberación, Yorio envió al asistente general de la Compañía de Jesús, R. P. Moura, adjunto de Arrupe en Roma, una nota de veintisiete páginas narrando todas las desavenencias y discusiones que había tenido con la Compañía y sus autoridades. Esa nota, fechada el 24 de noviembre de 1977 y que puede leerse en internet,[82] es un extenso relato de las idas y venidas de su conflicto con la Compañía. Pero en ningún párrafo dice que Jorge Bergoglio haya tenido que ver con su secuestro. Sí resalta que, después de su liberación, «el padre Bergoglio con protección de la Nunciatura hizo el trámite de mis documentos. Me facilitó mi documentación de la Compañía. Pagó mi viaje a Roma porque la diócesis no podía hacerlo. En Roma intervino para que se me recibiera en el Colegio Pío Latino y para facilitar mi ingreso en la Gregoriana. En el trámite de incardinación y de mi traslado a Roma, entiendo que se comportó con mucha diligencia y corrección. Mi obispo quedó muy agradecido de ello».

Cuando se dice que «Bergoglio no los protegió», se está hablando de una larguísima y compleja historia de conflicto entre dos sacerdotes jesuitas con su institución. Conflicto que era preexistente a Bergoglio, porque ya el anterior provincial, O'Farrell, había disuelto la comunidad de base en 1972, situación que se vuelve a repetir en 1975 y cuya resolución llegó, desafortunadamente, en medio del golpe de Estado. No es que a Bergoglio el 24 de marzo se le ocurriera decir «váyanse de la Compañía», sino que se trató de un extenso trámite que justo se resolvió en torno a esa fecha. Muchos otros jesuitas se fueron de la Compañía con más o menos discrepancias, antes y después de 1976. Bergoglio explicó que en esa época se disolvieron ocho comunidades similares.

Seguramente aquí se mezclaron varias cosas que influyeron en el enojo o resentimiento que Yorio y Jalics manifestaron con su provincial. El primer elemento es el sistema tan militar y drástico de subordinación con que se maneja la Compañía. Cualquier persona con criterios de vida independientes se sentiría violentada por tener que obedecer de esa manera.

Pero hay otro tema que seguramente influyó. Yorio y Jalics habían sido profesores del joven Bergoglio, tenían mayor antigüedad y experiencia dentro de la Compañía y, de pronto, debían acatar sus órdenes. Seguramente esto tampoco ayudaba a la buena convivencia. Además, los relatos pintan al joven Bergoglio como un muchacho hosco y mandón. Todo hace sospechar que los diálogos entre ellos no fueron tan respetuosos y fraternales como debían ser.

Sobre este aspecto, Leandro Pastor recordó:

> Jorge es una personalidad compleja. Y asume muy joven como provincial teniendo que lidiar con la Compañía, donde había gente mucho mayor que él, de mucha experiencia y gran nivel intelectual. Nunca fue un teórico. Fue un tipo práctico, con habilidades de conductor, que tenía clara la gran estrategia, pero estaba atento a los pequeños detalles. Del mismo modo que se podía pasar horas cuidando a un hermano enfermo, cuando alguno se le cruzaba era implacable. La cara áspera (que todavía le aparece en algunas fotos) te decía cuál era su grado de disgusto. En la Compañía se armaron dos bandos: los que lo amaban incondicionalmente y los que lo odiaban. Ahora también veo que el papa Francisco no es el Jorge Bergoglio que conocí. Cambió mucho en él, para mejor, por supuesto. Lo veo en otra dimensión de bondad y alegría, que, aunque siempre la tuvo, hoy se revela de una manera especial.

Esta descripción de alguien muy cercano a Jorge ayuda a entender las críticas y enojos muy humanos que todavía persisten entre algunos jesuitas hacia quien hoy es su Papa. Nada de esto es ajeno a la mayoría de las instituciones, donde las relaciones interpersonales se complican hasta el punto de alterar la convivencia de mucha gente. Pero de ahí a vincular estos conflictos y desavenencias personales con la intención de empujar a alguien a manos del terrorismo de Estado hay un enorme trecho.

Daños morales

Hay otro hecho que, si bien no tiene mayor relevancia, fue comentado y obliga a dar cuenta de él.

En 1979 Francisco Jalics vivía en Alemania y le solicitó al provincial Bergoglio que intercediera para ayudarlo a renovar su pasaporte argentino en el consulado. En ese momento habían modificado la norma y la renovación no se podía hacer desde el exterior. Bergoglio presentó una nota para formalizar la petición, la solicitud fue denegada y Anselmo Orcoyen, el funcionario que lo atendió, adjuntó una nota indicando que había hecho avanzar la solicitud porque así lo había pedido el provincial.

En *El Jesuita*, Jorge Bergoglio comenta el hecho: «Yo llevé en mano la nota del pedido, y el funcionario que la recibió me preguntó cómo habían sido las circunstancias que precipitaron la salida de Jalics. A él y a su compañero los acusaron de guerrilleros, pero no tenían nada que ver, respondí. "Bueno, déjeme la carta que después le van a contestar", fueron sus palabras».[83]

Orcoyen falleció y nunca dijo palabra sobre el tema. Ahora bien, si el provincial no hubiese querido ayudar con el trámite, le habría bastado con no presentar la nota. En fin… una nota escrita al margen por un funcionario de cuarto nivel de la dictadura no puede validarse como evidencia de una mala actitud de Jorge Bergoglio. Pero además estamos hablando de un hecho que se produce tres años después del secuestro de ambos sacerdotes, y en un ámbito manejado por los jefes de la ESMA, que eran quienes habían secuestrado a Yorio y Jalics, cuya situación, por lo tanto, conocían perfectamente.

Este tipo de supuestas evidencias fueron usadas para intentar sembrar dudas sobre personas que nada tuvieron que ver con los militares. Pero ocasionaron daños morales y obligaron a dar explicaciones.

11
Infinito amor

Una faceta desconocida

> Aprendí que el coraje no era la ausencia de miedo, sino el triunfo sobre él. No es valiente quien no siente miedo, sino aquel que conquista ese miedo.
>
> Nelson Mandela

De las tragedias que vivió de cerca Jorge Bergoglio, la de Esther Ballestrino sin duda fue una de las peores. Francisco siempre la recuerda con mucho respeto, admiración y cariño. Incluso en 2015 se encontró en Paraguay con Ana María y Mabel, las hijas de Esther, y les dijo: «Su madre me enseñó a pensar».[84]

Diciembre

En 1953, mientras cursaba el tercer año del Colegio Industrial n.º 11 en la especialidad de técnico químico, Jorge consiguió un trabajo en el laboratorio Hickethier-Bachmann. Allí conoció a Esther, quien sería su jefa y consejera. Ella nació en Uruguay en 1918, pero a los pocos años se estableció en Paraguay junto a sus padres. Allí estudió hasta completar su carrera universitaria y forjó su espíritu militante como miembro del Partido Revolucionario Febrerista y fundadora del movimiento femenino dentro de esa estructura. Su lucha contra la dictadura de Alfredo Stroessner la empujó a exiliarse en Buenos Aires, donde conoció al que sería su marido, Jesús Careaga, con quien tuvo tres hijas, Ana María, Mabel y Esther.

> Tuve una jefa extraordinaria —contó Bergoglio—,[85] Esther Ballestrino de Careaga, una paraguaya simpatizante del comunismo que, años después, durante la última dictadura, sufrió el secuestro de una hija y un yerno. Luego fue raptada junto a las desaparecidas monjas francesas Alice Domon y Léonie Duquet, y asesinada. Actualmente, está enterrada en la Iglesia de la Santa Cruz. La quería mucho. Era una mujer con mucho sentido del humor, que me introdujo en el mundo de la política. Era una febrerista, del Partido Febrerista Paraguayo, exiliada aquí en la Argentina. Me hizo leer varias cosas. Los artículos de Barletta, por ejemplo. Conversábamos sobre eso, los comentábamos. Le debo mucho a esa mujer. Después, a pesar de que yo era cura, seguimos siendo muy amigos.

La historia fue como sigue. En julio de 1977 Ana María, de dieciséis años, militante de la Juventud Guevarista (grupo de superficie vinculado al ERP), fue secuestrada por un grupo de tareas y conducida al centro clandestino de detención El Atlético. Bergoglio recordó:

> Esther me llamó para que fuese a dar la extremaunción a una persona de su familia. Yo sabía que no eran católicos, y al llegar a la casa me enteré del verdadero motivo: su hija Ana María había sido secuestrada y quería que me llevase unos libros y otros materiales y los escondiera, porque ella temía que los militares allanaran la casa y se la llevaran también detenida.

Ana María fue liberada al cabo de cuatro meses de detención y torturas. Viajó a Brasil, desde donde voló a Suecia, con una de sus hermanas y su madre. Esther volvió a Buenos Aires quince días después y se incorporó al grupo de Madres de la Plaza de Mayo.

Ana María dijo: «Cuando me liberaron, mi mamá volvió a la plaza y les contó a las Madres que había encontrado a su hija. "Se acabó tu búsqueda", le dijeron. Y ella respondió que no, porque todos los desaparecidos eran sus hijos».

Esther Ballestrino hizo lo que pocas personas hicieron en esa etapa de terror. Dejó a sus hijas a resguardo y volvió a Buenos Aires a seguir pidiendo por los hijos de los demás. Jorge Bergoglio recordó: «En una oportunidad, Esther me visitó con una señora de Avellaneda, que tenía dos hijos jóvenes y casados, delegados obreros de militancia comunista, que habían sido secuestrados. ¡Cómo lloraba esa mujer! Es una imagen que no olvidaré nunca. Hice algunas averiguaciones que no me llevaron a ninguna parte y con frecuencia me reprocho no haber hecho lo suficiente por ellos».

Pero el 8 de diciembre de 1977 algunas Madres salieron de la iglesia de la Santa Cruz después de hacer una colecta para pagar la primera solicitud para denunciar desapariciones y en la puerta las saludó con el beso de Judas el entonces capitán de fragata Alfredo Astiz, quien se había infiltrado haciéndose pasar por hermano de un desaparecido. Frente a testigos un grupo de tareas secuestró ese día a Esther Ballestrino de Careaga, María Bianco, la religiosa francesa Alice Domon, Ángela Auad, Patricia Oviedo, Raquel Bulit y Gabriel Horane. Como parte del mismo operativo también secuestraron esa mañana a Remo Berardo y por la tarde a Julio Fondovila y Horacio Elbert. Dos días después fueron secuestradas Azucena Villaflor y la monja Léonie Duquet. Los doce secuestrados, nombrados por los represores como «el grupo de la Iglesia de la Santa Cruz», fueron trasladados al centro clandestino de detención de la ESMA. Allí fueron torturados y luego arrojados vivos al mar. Tiempo después, la corriente devolvió cinco cuerpos, posteriormente sepultados como NN en el cementerio de General Lavalle, provincia de Buenos Aires.

El 8 de julio de 2015, Ana Silvia (nieta de Esther Ballestrino de Careaga) escribió una carta dirigida a Su Santidad el papa Francisco:[86]

> No lo conozco a usted personalmente, pero lo he conocido a través de la familia, en especial por mi abuelo Raimundo… A mi abuela no pude conocerla personalmente… por muy poquitos días…, pero claro que —como los grandes hombres y mujeres— no solo estuvo siempre presente en mi vida, sino que la marcó a fuego y fue un pilar fundamental. Nunca me gustó mi fecha de cumpleaños, siempre me pareció triste. Mi mamá dijo alguna vez —cuando

cuenta que llamó desde Suecia a la Argentina para dar la buena noticia de que yo había nacido bien, el 11 de diciembre, y allí se enteró de que el 8 habían secuestrado a mi abuela—: Por tres días, no pude reunir dos maravillas de mi vida. Eso me resultaba injusto. Me fastidiaba diciembre... Me había tocado nacer en un mes de mucha tristeza, el mes en que desapareció mi abuela, el mismo en que años después murió mi abuelo. Pero hoy lo veo distinto. Mi hijo más pequeño nació el 25 de diciembre, resignificando esa fecha. Ahora quiero creer que desde lo pequeño de mi ser llené de alegría a mi abuela cuando mi mamá apareció y yo, increíblemente al decir de los médicos, seguía viva... Suelo creer que en los últimos días de su vida, en aquellas oscuras tinieblas, el pensar en que su pequeña hija embarazada de su nieta había vencido a esos «monstruos» le daba fuerzas a mi abuela para soportar lo insoportable... Nadie que la haya conocido pudo permanecer indiferente, todos la recuerdan como una maravillosa mujer. Nosotros, su familia, sus hijas, sus nietos e incluso sus bisnietos la revivimos a diario, intentamos honrarla teniendo una posición ética en la vida. La «revivimos», la disfrutamos y la valoramos. Esa vida, a quien mi abuela dotó de valores que fueron el pilar de mi educación y la de mis hijos, queremos honrarla sin dejarnos llevar por las mezquindades de este mundo... No me sorprende que usted hable tan bien de ella, pero sí le agradezco de todo corazón que lo haga. Su voz es de las más oídas en el mundo, y que el mundo sepa de ella la reivindica. A ella y al amor infinito que le brindó a la vida... Creo que hacer pública la figura de mi abuela hará un poco mejor al mundo.

Ana y Sergio, «los terroristas del agua potable»[87]

Sergio Gobulin era estudiante de Teología, y Bergoglio, uno de sus profesores. Había llegado a Argentina con sus padres a los cuatro años, provenientes de Italia. Cuando terminó los estudios superiores decidió vivir en la villa Mitre, en la localidad de San Miguel, para ayudar a los pobres, no lejos del colegio jesuita, donde podían estudiar también los laicos. «Un día Jorge me dijo que quería venir a visitarme. Pero allí no teníamos agua potable ni mucho menos cloacas, y las calles eran de tierra». El padre Bergoglio fue igual y permaneció con él tres días. No fue la única vez. «Quería conocer esa realidad», dice Sergio. «Volvía al colegio profundamente impresionado por aquella experiencia.» En noviembre de 1975, cuando Sergio decidió casarse con Ana, Bergoglio bendijo su matrimonio.

Al año siguiente los militares allanaron su humilde vivienda. No encontraron nada subversivo, pero la casucha quedó destruida. Los Gobulin y otros jóvenes del barrio no se dejaron intimidar. Puesto que Sergio y Ana no habían aprendido la lección, en octubre de 1976, siete meses después del golpe de Estado, los militares volvieron para secuestrarlos. Ana escapó con su hija de pocos meses porque no se encontraban en la casa. A Sergio lo descubrieron en flagrante «actividad subversiva»: estaba construyendo una red de agua con la ayuda de los habitantes de la villa. Una conspiración de agua potable. Si su vida no hubiera corrido peligro, hoy podría reírse de la situación. También habían puesto en marcha una escuela nocturna en la villa, un dispensario médico gratuito y un servicio de ayuda para las madres solas.

«Bergoglio movió cielo y tierra para que me dejaran en libertad», cuenta Sergio. Dieciocho días después, tuvieron noticias de él. Cuando por fin los militares lo dejaron salir de un centro de detención jamás identificado, estuvo internado con un nombre falso en el Hospital Italiano de Buenos Aires. Un mes más tarde, apenas podía dar algunos pasos. Gobulin continúa:

> Los días que estuve secuestrado fueron realmente duros, no solo por las torturas físicas sino también por las psicológicas. Cuando recuperé la libertad supe, a través de mi familia, todo lo que hizo el padre Jorge para buscarme y para que me dejaran libre.
>
> Cuando me liberan, como nunca había abandonado la ciudadanía italiana, me internan en el Hospital Italiano, y el vicecónsul, Enrico Calamai, me pone bajo protección consular y hace traer a mi esposa y a mi hija, de seis meses. Recuerdo que el día antes de la liberación, durante un interrogatorio, un oficial de lenguaje más bien culto me dijo que iba a poder salir gracias a las gestiones de una persona de la Iglesia. Cuando Bergoglio viene a visitarme al hospital, me confirma eso, que había tratado por todos los modos de que me sacaran vivo. Me aconsejó vivamente que me fuera de la Argentina.[88]

Con Ana pensaron mudarse al interior del país hasta que la situación volviera a ser normal, «pero Bergoglio nos dijo que si no nos íbamos volverían a encontrarnos y terminaríamos igual que los desaparecidos».

Organizar la fuga no era fácil. Bergoglio los acompañó hasta el muelle donde zarpaba un transatlántico rumbo a Portugal. El padre Jorge también les había dado un poco de dinero para afrontar los primeros tiempos en Italia.

Apenas le fue posible, Bergoglio viajó a Santa Fe, donde vivía la madre de Sergio. La mujer no podía costear un pasaje al norte de Italia. «Ve a encontrarte con tu hijo», le dijo, poniéndole un sobre en la mano. Había dinero suficiente para ir y volver.

Prohibido equivocarse

De este joven no se conoce el nombre. El papa Francisco sí lo sabe y lo recuerda, pero, fiel a su conducta, no desea revelar su identidad. Tal vez este libro motive a esta persona a dar testimonio público y retribuir la deuda con quien le ayudó a escapar y sobrevivir en la dictadura.

Foz de Iguazú, por su intenso tránsito vecinal, era y es todavía una de las fronteras más permeables entre Brasil y Argentina. La organización Montoneros la usaba con frecuencia para entrar y salir del territorio. Por esa misma razón, la ESMA cubría este y otros puntos fronterizos con «marcadores» para detectar a los militantes. Tal vez la palabra «marcadores» no sea la correcta para definir a los jóvenes secuestrados que, tras semanas o meses de ser sometidos a todo tipo de tormentos, aceptaban su forzada colaboración. Algunos simplemente simulaban colaborar, como el caso de Jaime Dri, que pidió ir de «marcador» para concretar su fuga. Pero no en todos los casos el cruce era seguro.

El 11 de junio de 1974, los militantes brasileños de la Vanguardia Popular Revolucionaria Onofre Pinto, José Lavecchia, Daniel y Joel Carvalho, Vítor Ramos y el argentino Enrique Ernesto Ruggia cruzaron a Brasil por Foz, con el objetivo de instalar un foco guerrillero. En el Parque Nacional Iguazú los esperaba la inteligencia militar brasileña, que los capturó y fusiló en el acto.

El sábado 2 de agosto de 1980 los militantes montoneros Lilian Inés Goldenberg y Eduardo Gonzalo Escabosa embarcaron en la lancha Caju IV. Antes de la llegada al lado argentino dos policías brasileños que estaban a bordo ordenaron al piloto que detuviera la lancha y apuntaron con sus armas a la pareja. Cuando se dieron cuenta de que habían caído en una trampa, sacaron unos comprimidos y los tragaron bebiendo el agua turbia del río Paraná. Murieron en treinta segundos, envenenados por una fortísima dosis de cianuro.

Estos relatos sirven para describir el clima de la época, donde cualquier acción o cualquier error podían llevar a sus protagonistas al secuestro, la tortura y la muerte.

Hay un episodio del que se tiene el breve relato que hizo el propio Jorge Bergoglio a Sergio Rubin en *El Jesuita* y que fue referido por Alicia Oliveira en varias ocasiones. Recuerda Bergoglio: «Saqué del país, por Foz de Iguazú, a un joven que era bastante parecido a mí con mi cédula de identidad, vestido de sacerdote, con el *clergyman*, y de esa forma pudo salvar su vida».[89]

De todos los casos, este fue uno de los de mayor exposición que asumió Jorge Bergoglio. Darle su cédula de identidad y ropa de cura a un militante prófugo era peligroso. No solo porque si el joven era descubierto quedaba en complicidad directa, sino porque, además, en el libro de migraciones, se registraba una salida de Jorge del país, sin su ingreso, ciertamente inexplicable. No en vano el padre Miguel La Civita repite, recordando aquella época, que «Bergoglio sabía que, si hacía una mala jugada, perdía».

Pan, paz y trabajo

Una de las primeras medidas de la dictadura fue intervenir la CGT y los sindicatos más importantes. Parte de sus dirigentes fueron encarcelados, los delegados de fábrica fueron cesados y muchos engrosaron las listas de desaparecidos.

En ese clima no era fácil mantener la actividad gremial. Y fue en ese momento que, desde la Compañía de Jesús, se abrió un espacio de contención y protección para líderes gremiales que enfrentaban al régimen. Según recuerda Eduardo Vior en una nota del periódico *Miradas al Sur* del 27 de abril de 2014:

> Desde el mismo golpe comenzó la resistencia, aunque inconexa y sin unidad. Ya en marzo de 1977 se formó una primera Comisión de los 7, a la que se adhirieron otros sindicatos, hasta conformar en 1978 la Comisión de los 25, que en junio de ese año fundó su brazo político semiclandestino, el Movimiento Sindical Peronista (MSP). Se reu-

nían en varios locales y casi nunca todos juntos. Uno de sus principales refugios era el Centro de Investigación y Acción Social (CIAS) de la Compañía de Jesús, en el actual barrio de Las Cañitas, donde el padre Jacinto Luzzi coordinaba las reuniones. Exprofesor de Teología y Filosofía de la Universidad del Salvador, era un hombre pequeño, enjuto y siempre agitado. Con paciencia y constancia, entre 1977 y 1978 reunió a dirigentes sindicales opositores de las más diversas corrientes. Según me contó en junio de 1985 (la última vez que lo vi), los asesinos de los padres palotinos buscaban en realidad el CIAS para matar a los jesuitas y se equivocaron de edificio. [...] El 21 de abril de 1979, Los 25 convocaron a una huelga general por veinticuatro horas para el día 27. [...] Veinte dirigentes fueron encarcelados. [...] La huelga general de 1979 fue una bisagra en la historia de las luchas populares argentinas. En enero de 1980 nació la CGT Brasil y las huelgas se sucedieron, hasta que a fin de 1982 con Saúl Ubaldini a la cabeza, la CGT movilizó a treinta mil personas a Plaza de Mayo.

Roberto Digón, uno de los fundadores de Los 25, recuerda al padre Luzzi en aquellos difíciles años: «Fue Luzzi quien nos abrió las puertas de la iglesia de San Cayetano donde en 1981 hicimos la primera movilización importante contra la dictadura».[90]

El 7 de agosto de 1981, bajo la consigna «Paz, pan y trabajo», la CGT Brasil convocó a diez mil personas en una marcha desde el estadio de Vélez Sarsfield hasta la iglesia de San Cayetano. Allí se celebró una misa al aire libre y por primera vez se coreó una consigna que luego ganaría la calle: «Se va a acabar, se va a acabar, la dictadura militar».

En el CIAS, orientado por la Compañía de Jesús, nació el Centro de Promoción Sindical (CeProSin), que tuvo por objetivo formar a «jóvenes dirigentes sindicales de los cuadros medios, por encima de las divisiones coyunturales del movimiento obrero organizado». Los informes del CeProSin y las intervenciones de algunos de sus referentes dieron cuenta de un acelerado proceso de acercamiento hacia los dirigentes sindicales, que pudieron incluso encontrar en el CIAS un espacio de reunión cuando la represión ponía en peligro cualquier tipo de encuentro.

En 1981, Jacinto Luzzi publicó un elaborado trabajo sobre la historia y las perspectivas del movimiento obrero titulado *El sindicalismo argentino hace camino al andar*. En una nota de redacción se aclara que «el presente trabajo es el resultado de un análisis efectuado por el R. P. Jacinto Luzzi S. J., director del Centro de Promoción Sindical del CIAS, y los dirigentes sindicales Víctor De Gennaro (estatales) y Fernando Galmarini (prensa)».[91]

El padre Luzzi pertenecía al círculo de confianza del provincial Bergoglio. Por ende, Jorge no solo conocía, sino que alentaba la tarea de Luzzi en el CIAS. Según Eduardo Vior, «Bergoglio mandó a Luzzi a colaborar con la naciente resistencia sindical a la dictadura». Los dirigentes sindicales Horacio Ghilini y Mario Morant,[92] partícipes de estas reuniones, recuerdan: «Nosotros teníamos claro que la tarea de Luzzi tenía el total apoyo de la máxima autoridad de la Compañía de Jesús, que en ese momento era Jorge Bergoglio».

Hoy se habla mucho de las relaciones del papa Francisco

con dirigentes y líderes sindicales de nuestro país. Lo que es menos conocido es que esos vínculos con el sindicalismo vienen de antaño y fueron muy importantes en los primeros años de la dictadura.

Aquí se abre otra faceta hasta hoy poco conocida de Jorge Bergoglio: su apoyo a través del CIAS a las organizaciones sindicales, que fueron verdaderas protagonistas de la lucha contra los militares por el retorno de la democracia.

No se puede decir que sea puro azar la coincidencia entre la consigna «Paz, pan y trabajo» de la CGT Brasil en 1981 y la de «Tierra, techo y trabajo» del papa Francisco en 2014. Ni tampoco que fuera San Cayetano, símbolo de la masiva religiosidad popular, el santuario elegido por el cardenal Bergoglio para oficiar misa todos los 7 de agosto.

Consejos prudentes

«Yo me había distinguido en el secundario como representante estudiantil y no me admitieron en la Universidad de Buenos Aires. Entonces entré en la del Salvador y empecé Historia. Nadie me preguntó si era o no religioso. Ni siquiera estaba bautizado.» Alfredo Somoza fue estudiante de Historia de la Universidad del Salvador de Buenos Aires durante la dictadura militar. En distintos medios, relató su experiencia y la protección que recibió del provincial de los jesuitas:

«El padre Bergoglio siempre nos daba consejos para ser prudentes: que no saliéramos mucho a la calle, que tuviéramos cuidado con lo que decíamos y hacíamos. Era lógico: el país vivía bajo un clima de terror. No había libertad de prensa, estaban prohibidas las actividades de los partidos políticos y eran muy vigiladas las de los sindicatos y fábricas. Yo procuré seguir los consejos de Bergoglio, pero no era suficiente para aquellos militares. Bergoglio me ayudó en 1978 a llegar a Brasil, donde me esperaban los jesuitas, que me protegieron hasta que pude embarcarme hacia Europa. Y no fui el único pasajero que huyó en ese viaje...

»La vía de escape pasaba por el Colegio Máximo de San Miguel, en la periferia de Buenos Aires, y el núcleo jesuítico de Córdoba. En mi caso, el auxilio que me permitió llegar a Europa a través de Brasil —por entonces también bajo una dictadura— fue consecuencia de la conexión de Bergoglio con el obispo de San Pablo, el cardenal Paulo Evaristo Arns, quien durante las décadas de 1970 y 1980 creó una red de casas seguras con el objetivo de refugiar a prófugos de las dictaduras de la Argentina, Chile, Paraguay y Uruguay. Esa red solidaria fue usada por decenas de personas que, de lo contrario, habrían desaparecido en manos de los militares, y era uno de los eslabones de la cadena de fuga de Bergoglio: empezaba en Brasil y continuaba en Europa con personas solidarias que prestaban colaboración.[93]

»La máquina de la represión era muy articulada y eficiente. Y bastaba con dirigir una revista cultural no alineada, como en mi caso, para correr un riesgo. Bergoglio, y esto lo supimos muchos años después, utilizó los instrumentos que tenía para proteger a muchos. Seminaristas, sacerdotes y estudiantes cercanos al mundo jesuítico argentino lograron sobrevivir gracias al coraje de ese sacerdote que, en soledad, supo evitar que muchas vidas cayeran en el infierno que representaban los militares. Varios escaparon al extranjero.

»Durante años, los que vivimos esa experiencia decidimos mantenernos en silencio. Fue un pacto que no hubo necesidad de firmar. Pero nos fue imposible seguir callando ese secreto cuando, apenas elegido Papa, sectores cercanos al gobierno argentino deslizaron la hipótesis de que Francisco había sido colaborador de la dictadura. Una calumnia que, por suerte, se desmintió rápidamente. Jorge Mario Bergoglio no era un hombre de izquierdas y nunca se manifestó públicamente contra la dictadura; sin embargo, supo elegir bien cuando le llegó el momento de decidir entre la vida y la muerte».[94]

La medalla de los justos

Epílogo

> Felices los que son perseguidos por practicar la justicia, porque a ellos les pertenece el Reino de los Cielos. Felices ustedes, cuando sean insultados y perseguidos, y cuando se los calumnie en toda forma a causa de mí.
>
> San Mateo 5, 1-12

Aristóteles decía que la virtud del coraje ocupa un punto medio entre los extremos de la cobardía (respuesta insuficiente al peligro) y la precipitación o la temeridad (respuesta excesiva). El coraje no se entiende en ningún caso como ausencia de miedo, sino como la capacidad de actuar en apoyo de grandes valores aun cuando podamos experimentar miedo. Quiere decir que un hombre valiente no es aquel que no le teme a nada; se trata, simplemente, de una persona que hace lo que considera correcto a pesar de los temores que puedan amenazar con retenerlo.

En la distancia, es posible emitir un juicio. No sobre el papa Francisco, sino sobre un joven de treinta y nueve años llamado Jorge Bergoglio que en 1976 era provincial de los jesuitas. Se podría afirmar que, si cometió algún pecado, fue el de sentirse un joven omnipotente y actuar más cerca de la temeridad que del coraje, según la definición aristotélica.

Bergoglio aceptó desempeñar un papel que combinaba ambigüedad con simulación para moverse dentro de un ambiente de mucha desconfianza y hostilidad. Apenas dos o tres personas de su entorno conocían su verdadero juego. El resto del mundo lo tenía por un muchacho medio hosco y mandón, con pocas simpatías por todo lo cercano al progresismo de izquierda. Un joven que aceptaba relacionarse con algunos militares y que evitaba confrontar con la autoridad eclesial. Él eligió ese papel y lo mantuvo. Era su mejor protección. Como buen creyente, tenía a Dios por testigo de sus actos. No necesitaba de ningún reconocimiento temporal. Tampoco juzgaba necesario explicarle a nadie qué hacía o dejaba de hacer. Estaba en paz con Dios y con su conciencia.

Pero el tiempo pasó. Terminó la dictadura y el país volvió a vivir en democracia. La sociedad exigió memoria, verdad y justicia. Se comenzó a indagar el pasado de mucha gente. Y un buen día, Jorge Bergoglio empezó a ser cuestionado y hasta tuvo que pasar por un estrado judicial en calidad de testigo.

Es interesante destacar aquí que, tras la constitución del Estado de Israel, se creó por ley un programa de reconocimiento y distinción con el objeto de rendir el máximo honor a aquellas personas que, sin ser de confesión o ascendencia judía, habían prestado ayuda de manera altruista y singular a las víctimas por su condición de judíos perseguidos por el nazismo. Estas personas recibieron el título de «Justo entre las naciones» o «Justo», que les otorgaba, junto con otros privilegios, un diploma certificado y la denominada «Medalla de los justos», en la cual una inscripción remitía a una frase del Talmud que simboliza la fe en la humanidad: «Quien salva una vida salva al universo entero».

El programa reconoció a veintiún mil «Justos» de distintas nacionalidades. Tal vez los más mencionados, porque sus historias fueron llevadas al cine, fueron Oskar Schindler (*La lista de Schindler*), el capitán alemán Wilm Hosenfeld (*El pianista*) e Irena Sendler (*El corazón valiente de Irena Sendler*). Muchos de ellos tuvieron que llevar dobles vidas de simulación o ambigüedad para poder cumplir su misión de salvar vidas judías. Y a la gran mayoría de ellos el reconocimiento les llegó años después de su muerte.

Si el Talmud dice que «quien salva una vida salva al universo entero», ¿cuántas vidas más debería haber salvado Jorge Bergoglio para no ser acusado de colaborar con la dictadura?

Así fue el contexto histórico, el escenario en el cual vivió y actuó el joven provincial de los jesuitas. No fue el protagonista, pero la dinámica de las cosas lo confrontó con un desafío: comprometerse con su comunidad y con sus ideas. Y así lo hizo.

Agradecimientos

A mi esposa y compañera, María Laura; a mis hijos, Juan Pablo, Fernando, María Celina y María Emilia, y a mis nietos, Catalina, Lorenzo y Lucía, a quienes les robé horas de plaza y de tirar piedritas al río.

A mis compañeros y amigos, el padre Domingo Bresci y Javier Mouriño, que me apoyaron con sus críticas y sugerencias durante toda la redacción. Al profesor Aldo Carreras. A mis editoras, Florencia Cambariere y Gabriela Vigo. A Miguel Russo. A mis jóvenes amigos católicos Rodrigo Ruete, Lautaro Vicario y Sebastián Gramajo. Al exembajador en el Vaticano y compañero, Eduardo Valdez. A Martín Salinas, guionista de *Llámame Francisco*. A la barra de viejos militantes del Histórico. A los neuquinos Ariel Koghan, Darío Martínez y Pablo Todero. A mis amigos del portal neuquino *Vaconfirma*, Héctor Vasco Mauriño y

Sergio Fernández Novoa, donde empezó este camino. A todos los que colaboraron con esta compleja investigación: Carlos María Zavalla, padre Miguel Ángel La Civita, padre Juan Carlos Scannone, Virginia Bossie, Graciela García, Federico Lanusse, Rosa Corsichi, Juan Pablo Santa María, Ricardo *Lolo* Gómez, Francisco *Cacho* Piñón, Luis Larpin, Juan Bertone, Cacho De María, Roberto Grabois, Leandro Pastor, Jaime Dri, Gustavo López, Daniel Santoro, Alfredo Somoza, Washington Uranga, Roberto Baschetti, Víctor Espinoza, Oscar Virginillo, Carlos Di Camillo, Negro Vidal Giménez, Walter Romero, padre Gustavo Morello, Jorge Álvaro, Alberto Vicente Hermida, Manuel Pecci, Heriberto Jáuregui Lorda, Mónica Pellegata, Cristina Gaido, Olga Ruiz, doctor Ricardo Gómez, Oscar Castellucci, Alfredo Ossorio, Roberto Azpeitia, Flora Castro, Roberto Digón, Néstor *Cascote* González, Ana María Aimetta de Colotti, Camila Crocetti, Alejandro Tarruella, Mariano Garreta, Enrique Mases, Mario Casalla, Guillermo Cappadoro, Guillermo Olivieri, Aritz Recalde, Iciar Recalde, Hernán Reyes Alcaide, José Luis Di Lorenzo, David Lugones, Ana María Careaga, Ramiro Prats, Armando Liscano, Alcira Argumedo, Lalo Albanessi, Gustavo Vera, Lucrecia Langlois, Adolfo Manson, Enrique Manson, Antonio Coria, Tito Borda, Carlos Hulobica, Carlos Pont, Guillermo Carnaghi, Jorge Fernández, Juancho Díaz Roig.

Y también a quienes colaboraron pero prefirieron no ser mencionados en estas páginas.

Notas

1. Gonzalo Mosca pertenecía al Grupo de Acción Unificadora (GAU) de Uruguay. Tras ser arrestado allí el montonero argentino Oscar De Gregorio, los dos países en coordinación realizaron operativos simultáneos. Gonzalo huyó a Buenos Aires buscando escapar de la represión, con poca fortuna: «Los militares argentinos vinieron a buscarme a casa de este amigo con la suerte de que habíamos salido. La portera nos advirtió que nos matarían si nos encontraban. Desesperado, llamé a mi hermano mayor, jesuita, quien decidió viajar a Buenos Aires para ayudarme. Él contactó a Bergoglio, su antiguo profesor de Teología, y le presentó mi caso. Bergoglio le dijo: "Venite con tu hermano que vamos a ver de qué forma lo puedo ayudar". Esa misma noche, el propio Bergoglio nos trasladó al Colegio Máximo, en San Miguel, a unos treinta kilómetros de Buenos Aires». Diario *La República*, Uruguay, 24-3-2013.

2. El autor de la frase fue Eduardo Feinmann, quien fue enviado por la señal C5N a cubrir la elección papal. Pero no fue el único sorprendido. Sergio Rubin, biógrafo de Bergoglio, tampoco le otorgaba demasiadas posibilidades de convertirse en Papa.

3. Véase *www.pts.org.ar/Repercusion-mundial-de-la-denuncia-contra-Bergoglio*. Associated Press (Estados Unidos): «El nuevo Papa amarrado en debate sobre la "guerra sucia" en Argentina». *The Washington Post* (Estados Unidos): «Activistas de derechos se diferencian sobre cuánta culpa carga el papa Francisco desde la "guerra sucia" argentina». *Vanguardia* (México): «Abogada: "Bergoglio fue parte del silencio cómplice de la Iglesia con la dictadura genocida"». *The Guardian* (Gran Bretaña): «Discuten el papel del nuevo Papa durante la era militar de Argentina». *Der Spiegel* (Alemania): «El Papa y la dictadura argentina».

4. Sergio Rubin y Francesca Ambrogetti, *El Jesuita*, Buenos Aires, Ediciones B, 2015, p. 155.

5. Jorge Bergoglio y Abraham Skorka, *Sobre el cielo y la tierra*, Buenos Aires, Sudamericana, 2010, p. 186.

6. Aldo Duzdevich, Norberto Raffoul y Rodolfo Beltramini, *La Lealtad. Los montoneros que se quedaron con Perón*, Buenos Aires, Sudamericana, 2015, p. 41.

7. Javier Cámara y Sebastián Pfaffen, *Aquel Francisco*, Córdoba, Raíz de Dos, 2016, p. 70.

8. *Ibid.*, p. 91.

9. Martín Malachi, *Los Jesuitas*, México, Lasser Press, 1993, pp. 185-186.

10. Catalina Pantuso, «El proyecto de las Misiones Jesuíticas (1605-1768)», en *Proyecto Umbral. Resignificar el pasado para conquistar el futuro*, de Gustavo F. J. Cirigliano y otros, Buenos Aires, Ciccus, 2009.

11. Iniciales de *Societatis Jesus*, en español: Compañía de Jesús, jesuitas.

12. Véase *www.jesuitasaru.org/cuatro-pasos-clave-para-el-discernimiento/*.

13. Entrevista a Humberto Miguel Yáñez, *La Stampa*, Vatican Insider, 13-03-2014.

14. Armando Puente, *Yo, Argentino*, Buenos Aires, Distal, 2015, p. 50.

15. Incluso sus propuestas actuales de abrir los sanitarios del Vaticano para recibir a los *homeless* recuerdan la impronta de Hurtado.

16. Véase la nota 25.

17. Austen Ivereigh, *El gran reformador*, Buenos Aires, Ediciones B, 2015, pp. 113-114.

18. Marta Diana, *Buscando el Reino*, Buenos Aires, Planeta, 2013, p. 21 y ss.

19. Rosariazo y Cordobazo remiten a dos grandes insurrecciones populares ocurridas en las ciudades de Rosario y Córdoba en 1969, durante la dictadura de Juan Carlos Onganía. Su formato y consignas heredaban algo del Mayo Francés, producido un año antes.

20. Montoneros era una organización clandestina, pero tenía lo que llamaban «frentes de superficie», que hacían la tarea de captación política, entre ellos la Juventud Peronista (JP), la Juventud Universitaria Peronista (JUP), la Juventud Trabajadora Peronista (JTP) y la Unión de Estudiantes Secundarios (UES). En 1975, crean un frente católico llamado Cristianos para la Liberación (CPL). La dictadura de 1976 golpearía primero en estos frentes de superficie, porque eran los más expuestos.

21. La palabra «cuervo» para referirse despectivamente a un sacerdote era común entre los viejos peronistas, que tenían presente la posición antiperonista de parte de la Iglesia en la caída de Perón en 1955.

22. Dice Joel Horowitz, doctorado en Historia en la Universidad de California: «Para un historiador estadounidense que investigó la historia argentina durante cuatro décadas, explicar en una clase de jóvenes norteamericanos qué es el peronismo es prácticamente imposible». Santiago Farrell, *Peronismo. Cómo explicar lo inexplicable*, Buenos Aires, Ariel, 2016, p. 19.

23. Cámara y Pfaffen, *op. cit.*, p. 37.

24. Bergoglio y Skorka, *op. cit.*, p. 192.

25. La filósofa Amelia Podetti estaba vinculada a la agrupación peronista llamada Guardia de Hierro. Jorge Bergoglio nunca formó parte de esa agrupación, pero tenía una gran amistad con Amelia y con otros integrantes del grupo. Algunos periodistas inventaron que se trataba de una organización derechista y antisemita, pero Horacio Verbitsky se ocupó de clarificar el tema: «Guardia de Hierro es un núcleo fundamental que ha sido demonizado. […] No era una organización antisemita; por el contrario, había allí tantos judíos como en Montoneros. […] Era una organización juvenil peronista como Montoneros, que luchó por el regreso de Perón y que, al revés de Montoneros, que hizo una deriva al autonomismo, siguió un camino hacia la verticalidad con Perón». Horacio Verbitsky y Diego Sztulwark, *Vida de perro*, Buenos Aires, Siglo Veintiuno, 2018, pp. 101-102.

26. Puente, *op. cit.*, p. 82.

27. Papa Francisco, *Latinoamérica. Conversaciones con Hernán Reyes Alcaide*, Buenos Aires, Planeta, 2017, p. 36.

28. En el MSTM tomaron forma tres sectores: los «movimientistas» o «peronistas de Perón», cuyos referentes eran Carlos Mugica, Jorge Vernazza, Alberto Carbone y Domingo Bresci. El «peronismo crítico» de Mendoza, Tucumán y Chaco, representado por Rolando Concatti, Rubén Dri, Juan Ferrante y Eliseo

Morales. Y el sector de izquierda no peronista, cuyo mayor referente era Miguel Ramondetti.

29. Diana, *op. cit.*, p. 190.

30. Véase *www.diariouno.com.ar*, 15-03-2013.

31. Se denominaba Tendencia Revolucionaria al conglomerado de agrupaciones juveniles de izquierda y combativas del peronismo. En general se adherían a las consignas políticas de las organizaciones guerrilleras peronistas: Fuerzas Armadas Peronistas (FAP), Fuerzas Armadas Revolucionarias (FAR) y Montoneros.

32. Rubin y Ambrogetti, *op. cit.*, p. 122.

33. Cámara y Pfaffen, *op. cit.*, p. 141.

34. *Ibid.*, p. 129.

35. Transcripción de la homilía del cardenal monseñor Jorge Mario Bergoglio en ocasión del 30 aniversario del fallecimiento de monseñor Enrique Angelelli, catedral de La Rioja, 4-8-2006. Véase *www.arzbaires.org.ar/inicio/homilias/homilias2006.htm#angelelli*.

36. Testimonio del padre Rolando Concatti, en Duzdevich, Roffoul y Beltramini, *op. cit.*

37. Iniciado el gobierno constitucional de Héctor Cámpora, el trotskista Ejército Revolucionario del Pueblo (ERP) no aceptó

cesar la lucha armada y el 6 de septiembre de 1973 asaltó el Comando de Sanidad del Ejército. El saldo: un oficial muerto y tres soldados heridos.

38. A diferencia del ERP, la organización Montoneros, que tenía una importante participación en el gobierno nacional y los gobiernos provinciales, se manifestó por el cese el fuego. Pero el 25 de septiembre de 1973 un comando FAR-Montoneros asesinó a José Ignacio Rucci, secretario general de la CGT, pilar fundamental en la estrategia de gobierno de Perón, quien dos días antes había ganado la elección.

39. Puente, *op. cit.*, p. 164.

40. Vicente Damasco, colaborador del general Perón en la elaboración del documento.

41. Puente, *op. cit.*, p. 102.

42. Verbitsky, *op. cit.*, p. 330.

43. Carlos A. Fernández Pardo y Leopoldo Frenkel, *Perón. La unidad nacional entre el conflicto y la reconstrucción (1971-1974)*, Córdoba, Del Copista, 2004, p. 526.

44. El padre Juan Carlos Scannone dio testimonio para este libro.

45. Véase *www.albertomoya.blogspot.com.ar/2009/09/tapa-de-veintitres-como-segunda-nota.html*.

46. Véase *www.ruinasdigitales.com*.

47. Puente, *op. cit.*, p. 108.

48. Véase *www.periodistadigital.com*, 26-03-2013.

49. Véase *www.forosdelavirgen.org*, 15-04-2015.

50. Diario *Miradas al Sur*, n.º 253, 24-03-2013.

51. El jesuita uruguayo Justo Asiain fue detenido en su país en 1970. Tras ser liberado se trasladó a Argentina, donde vivió hasta su fallecimiento, en 1987.

52. Véase *www.farodiroma.it/el-padre-bergoglio-que-salvo-la-vida-entrevista-del-nuevo-obispo-auxiliar-de-santiago-del-estero-en-argentina-avvenire/*.

53. Verónica Baudino y Gonzalo Sanz Cerbino, *Las corporaciones agrarias e industriales frente al golpe del '76: apuntes para la reconstrucción de la Fuerza Social Contrarrevolucionaria*, Buenos Aires, Instituto de Investigaciones Gino Germani, Facultad de Ciencias Sociales, UBA, 2011.

54. *Evita Montonera*, n.º 12, febrero-marzo de 1976, véase *www.ruinasdigitales.com*.

55. Rubin y Ambrogetti, *op. cit.*

56. Nello Scavo, *La lista de Bergoglio*, Buenos Aires, Claretiana, 2013, pp. 120-121.

57. Puente, *op. cit.*, pp. 162-163.

58. Testimonio brindado para este libro por el doctor Manuel Pecci, abogado salteño. Agradecemos la gestión de Federico Lanusse.

59. Véase Martín Obregón, «La Iglesia argentina durante la última dictadura militar», *www.postverdeolivo.wordpress.com*.

60. Cit. en Emmanuel Nicolás Kahan, «Entre la aceptación y el distanciamiento: actitudes sociales, posicionamientos y memoria de la experiencia judía durante la última dictadura militar (1973-2007)», tesis de doctorado, Facultad de Humanidades y Ciencias de la Educación, UNLP, 2010.

61. Jaime de Nevares, *La verdad nos hará libres*, Buenos Aires, Centro Nueva Tierra, 1994, p. 134.

62. Bergoglio y Skorka, *op. cit.*, p. 181.

63. Rubin y Ambrogetti, *op. cit.*, p. 120.

64. Conferencia de Carlos Cullen sobre Rodolfo Kusch. Véase *www.youtube.com/watch?v=URjcL8Bo9wY*.

65. Véase *www.aica.org/18618-pai-oliva-la-voz-jesuita-que-pedira-francisco-por-los.html*.

66. Federico Wals fue por varios años portavoz de prensa del obispo Jorge Bergoglio. Lo entrevisté para este libro por gestión de Rodrigo Ruete.

67. Véase *www.semana.com*, 08-08-2017.

68. Sistema instalado en los patrulleros de la Policía Federal consistente en un teleenlace, que permitía solicitar y recibir de inmediato información para identificación de personas, verificación de antecedentes, etcétera.

69. Carlos María Zavalla brindó testimonio para este libro.

70. El 7 de julio de 1976 Augusto Conte Mac Donell se presentó con su hijo Augusto María en el despacho de su antiguo amigo, el general Suárez Mason, para intentar aclarar que este no pertenecía a ninguna organización guerrillera. Los recibió muy amable, los escuchó y, finalmente, les pidió que el hijo se quedase por unas horas en el cuartel para culminar el trámite. Su padre se retiró confiado. Augusto María nunca más salió del lugar y permanece desaparecido. Su padre se convirtió en un incansable luchador por los derechos humanos, pero no pudo soportar su enorme sentimiento de culpa y se suicidó en 1992.

71. Ivereigh, *op. cit.*, pp. 216-220.

72. Rubin y Ambrogetti, *op. cit.*, p. 130.

73. Flora Castro y Ernesto Salas, *Norberto Habegger: cristiano, descamisado, montonero*, Buenos Aires, Colihue, 2011, pp. 75-76.

74. Carlos Di Camillo pertenecía al grupo cristiano de Villa Independencia del padre Carlos de Dios Murias junto a Oscar Virginillo. Dio testimonio para este libro.

75. Cuando Francisco Jalics se refiere a «una monja que se integró a la guerrilla», está hablando de Mónica Quinteiro. Mónica era hija del capitán de navío Oscar Quinteiro, cuñada del capitán de fragata Emilio Molina Pico y prima de la esposa del jefe del grupo de tareas de la ESMA, Jorge *Tigre* Acosta. Acosta solía jactarse de «tener allí abajo a una prima».

76. El padre Jorge Adur, en un reportaje concedido en julio de 1980 a la revista brasileña *Denuncia*, explica con claridad los fundamentos de su adscripción a la organización casi desde su nacimiento: «Estoy con Montoneros porque para mí ellos son la síntesis de las últimas décadas de la historia de la lucha del pueblo argentino por la justicia y por la liberación de mi patria. Estoy con Montoneros desde que se fundó la organización. Mi compromiso ha tenido distintos niveles, desde el comienzo, en 1969». *www.hernandezarregui.blogspot.com.ar/2010/09/jorge-adur-cristianismo-y-revolucion.html*.

77. Padre Roberto Favre, A. A., «En memoria de ellos», *www.assumptio.org/files/ESP/PDF/hermanos-desaparecidos_ESP.pdf*.

78. Fundamentos del fallo de la Causa ESMA.

79. *Ibid.*

80. Pilar Calveiro, *Poder y desaparición*, Buenos Aires, Colihue, 2004, p. 159.

81. Eufemismo usado en la ESMA que significaba arrojar prisioneros al mar desde los aviones durante los «vuelos de la muerte».

82. Véase *https://es.scribd.com/document/207146280/*.

83. Rubin y Ambrogetti, *op. cit.*, p. 132.

84. Ana María Careaga, hija de Esther Ballestrino, en 1977, a sus dieciséis años, embarazada, fue secuestrada y torturada. A los tres meses fue liberada y partió al exilio. Con el regreso de la democracia volvió al país y desde ese momento hasta hoy es una activa militante de los derechos humanos. Dio testimonio para este libro.

85. Rubin y Ambrogetti, *op. cit.*, p. 129.

86. Recibí la carta de manos de su madre, Ana María Careaga.

87. Nello Scavo, *www.tierrasdeamerica.com/2015/09/06/*.

88. Puente, *op. cit.*, p. 297.

89. Rubin y Ambrogetti, *op. cit.*

90. Dirigente del Sindicato del Tabaco (SUETRA). Brindó su testimonio para este libro.

91. Véase *www.bibliotecacta.org.ar/bases/pdf/BIT01432.pdf*.

92. Eduardo Vior, Horacio Ghilini y Mario Morant dieron testimonio para este libro.

93. Según me relató Alfredo Somoza, la segunda red era hacia Europa: «A través del gerente en San Pablo de la compañía italiana de navegación Costa Armatori, el ingeniero Larosa, se mandaban personas en situación comprometida en los barcos mercantiles de la sociedad. De la red formaba parte otro italiano, Mario Lorenzi (expartisano), que era gerente de la empresa italiana FATA en Brasil y también cónsul honorario de Costa de Marfil. Este último detalle no es secundario, porque su vehículo tenía chapa diplomática y con él se llevaba a la gente a embarcarse. Yo llegué así a Italia, tomando un barco a Santos que transportaba pomelos (saliendo clandestinamente de Brasil) y descendiendo en Génova (siempre clandestinamente). El contacto que me dieron en Italia era el de Marisa Aboaf de Lorenzi, exesposa de Lorenzi».

94. Véase *www.semana.com*, 08-08-2017.